Therapy in Sessions

"Terapia en Sesiones"

LO QUE PRETENDES NO SABER

"El PODER de tu voz interior"

Los secretos de

Joanne Suarez

para ser feliz diariamente

Joanne Suarez "Diosa"

Con una clara pero sencilla misión de ayudar e inspirar a los demás, hoy Diosa no solo es la autora de este gran libro, sino una emprendedora increíble. Es una orgullosa madre soltera de dos hijos, entrenadora de vida certificada, asistente médico certificada, instructora de baile, modelo, artista, notario público y una orgullosa oradora motivacional que es amada y conocida por tener un impacto memorable en su vida, así como en otros.

Su único enfoque, combinado con un conocimiento y una guía excepcional, personalidad extrovertida, fuerza, coraje, risa contagiosa y entusiasmo la convierte en la candidata perfecta para inspirar y marcar la diferencia en muchas vidas.

A través de sus propias experiencias y batallas desconocidas obligadas a luchar, Diosa superó la guerra. Encontró la curación proporcionando las herramientas y el conocimiento adecuado a los demás. Diosa ha ayudado a las personas a liberar su potencial y creer en sí mismas allanando el camino hacia el éxito tanto personal como profesional, realizado con Paz y Amor.

Tabla de contenido

¿Que estas *FINGIENDO* no saber?

Antes de seguir leyendo, practiquemos este ejercicio. Quiero que mires el patrón de puntos a continuación. Coge un lápiz o algo con que escribir. La tarea consiste en conectar los 9 puntos usando solamente 4 líneas rectas sin tan siquiera levantar el lápiz o volver a trazar ninguna de las líneas.

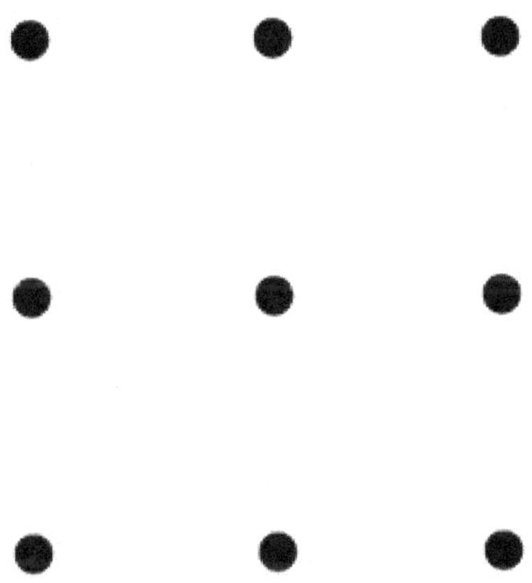

Si lo hiciste, estás un paso más cerca de alcanzar tus objetivos, o posiblemente ya estas luchando por conseguir más. Si sientes que no es posible o tienes problemas para lograrlo, te pregunto, ¿Qué finges no saber? Fingir no saber es un hábito. Se le conoce como mecanismo de defensa emocional. Debes aprender finalmente que la vida se vive durante las pausas o descansos cuando hacemos tiempo para reflexionar y apreciar verdaderamente el momento.

La mayor diferencia es que fingir significa que sabes algo pero actúas como si no lo supieras. Puedes fingir que no sabes tanto las cosas positivas como las negativas. Esto lo sé a ciencia cierta. La gente usa este método para averiguar cuánto sabe o no sabe. He tenido esta experiencia una y otra vez. La sociedad siempre está buscando a alguien a quien puedan controlar. Después de que la gente me oye hablar, se dan cuenta de que no soy una mujer tonta con la esperanza de ser aceptada por ellos y / o sus compañeros. Los humanos siempre te están poniendo a prueba. Si encuentran algún área de debilidad, puedes apostar a que intentarán explotarte en algún tipo de comportamiento sumiso en su beneficio. Como ser humano sabio, mi conclusión es que ya no me importa un carajo. Nadie quiere que otra persona sea igual a ellos. El menor es siempre un espectáculo bienvenido. Si juegas al tipo tonto, notarás cuántas personas acudirán en masa a tu presencia.

Sin embargo, el truco está en aceptar que no necesitas la aprobación de nadie para ser tú. No necesitas una multitud más grande para sentirte importante. Lo que tienes que hacer es darte cuenta de que lo que finges no saber se interpone en todo lo que es posible para ti. A menudo dejamos las cosas inconclusas o indecisas. Esperando y esperando que llegue la respuesta o que se vaya. Pretendemos no ver las "BANDERAS ROJAS" que nos dicen que no sigamos adelante con algo. Fingimos que no estamos heridos para no mostrarnos enojados. Fingimos que somos felices. Fingimos que todo está bien. Fingimos no saber cosas o no notar cosas. Fingimos ser víctimas cuando sabemos claramente que somos responsables. Podría seguir y seguir sobre todo lo que tendemos a fingir. Pero seamos honestos, ¿te está sirviendo a ti o a alguien? Evitar lo que es y no aceptar lo que nos tiene rehenes. No tomar decisiones es una nube que se cierne sobre tu hombro y te agota hasta no poder más. Siempre tenemos la opción de elegir y notar lo que finges. No saber podría ser el comienzo de una nueva vida.

Puede sonar tonto, pero pruébalo. Mira qué pasa. ¿Cómo sería tu vida si corrieras riesgos con más frecuencia y confiaras en ti mismo, que puedes resolver las cosas en el camino? ¿Qué pasa si dejas de ignorar las "BANDERAS ROJAS"? Ya no te sabotearías a ti mismo de esa manera. ¿Qué pasa si te permites experimentar tristeza y dolor? Habría una persona menos enojada en este mundo. ¿Y si comenzaras a tomar decisiones? Tendrías tranquilidad y todo encajaría. Puedes fingir con los demás, pero al final vas vivir contigo mismo. Tú eres el que vive con todo este fingimiento.

Te estoy desafiando. Escribe todas las cosas que has estado fingiendo no saber. Y mantente realmente. ¿Cómo te ha servido esto y cómo te ha retenido? Más importante aún, ¿quién paga los precios? ¿Por qué la gente finge saber cosas? ¿Por qué la confianza aumenta tan a menudo con la ignorancia? Creo que estamos predispuestos a preservar nuestro sentido de lo correcto. Estoy especialmente interesada en lo que se llama "La ilusión de profundidad explicativa". Así es como los científicos cognitivos se refieren a nuestra tendencia a sobreestimar nuestra comprensión de cómo funciona el mundo. Hacemos esto porque confiamos en otras mentes. Las decisiones que tomamos, las actitudes que formamos, los juicios que hacemos dependen en gran medida de lo que piensan otras personas. Si las personas que nos rodean están equivocadas en algo, es muy probable que nosotros también lo estemos. La proximidad a la verdad se complica de la misma manera. Realmente creo que nuestras actitudes son moldeadas mucho más por nuestros grupos sociales que por hechos sobre el terreno. No somos grandes razonadores. A la mayoría de la gente no le gusta pensar en absoluto. O le gusta pensar lo menos posible. Y con la mayoría, me refiero a aproximadamente el setenta por ciento de la población. Incluso el resto parece dedicar muchos de sus recursos a justificar las creencias que quieren mantener, en lugar de formar creencias creíbles basadas únicamente en hechos. Piensa que si completaras un hecho que contradijera las opiniones de la mayoría de los miembros de tu grupo, pagarías un precio por eso. Si dijera que voté por Trump, la mayoría de mis amigos pensarían que estoy loca. Probablemente no querrían hablar conmigo. Así es como la presión social influye en nuestros compromisos lógicos y, a menudo, lo hace de forma invisible.

Sin embargo, esta es otra forma de decir que vivimos en una comunidad de conocimiento. ¡Así es! Creo que cada pensamiento que tenemos depende de los pensamientos que tienen otras personas. Cuando cruzo la calle, mis acciones dependen de los pensamientos que pasan por la mente del conductor. Si subo al autobús, el éxito de mi intento de hacerlo depende de los pensamientos que están pasando en la cabeza del conductor del autobús. Cuando expreso una actitud sobre inmigración, ¿qué estoy haciendo realmente? ¿Qué sé realmente sobre inmigración? Vivo en un universo muy limitado, así que tengo que depender de las creencias y el conocimiento de otras personas. Sé lo que he leído. Sé lo que he escuchado de los expertos. Pero no tengo ninguna experiencia directa sobre el problema de la inmigración. No he visitado la frontera ni la he estudiado yo misma. En ese sentido, las decisiones que tomamos, las actitudes que formamos y los juicios que hacemos, dependen mucho de lo que otras personas estén pensando.

Hay algunos peligros obvios aquí, ¿verdad? Un peligro es que si creo que entiendo porque la gente que me rodea cree que entiende, en este punto, todas las personas que me rodean piensan que comprenden, porque las personas que los rodean creen que comprenden. Entonces resulta que todos podemos tener este fuerte sentido de comprensión aunque nadie realmente tenga idea de lo que están hablando. Estoy tratando de pensar en todo esto en términos de nuestras circunstancias políticas. La mayoría de nosotros no entendemos tanto como pensamos, sin embargo, todos estamos seguros como los gallos de una variedad de temas. Cuando discutimos sobre política, ¿de qué estamos discutiendo realmente? ¿Se trata de hacerlo bien o de preservar nuestro sentido de lo correcto? No estoy segura de que haya una gran diferencia entre querer hacerlo bien y querer preservar nuestro sentido de lo correcto. En el ámbito político, como en la mayoría de los ámbitos en los que no solo escuchamos o vemos lo que es verdad, dependemos de la conciencia social. Los argumentos tratan de convencer a los demás mientras nosotros intentamos convencernos a nosotros mismos. Hacerlo bien significa esencialmente que estamos convencidos y, por supuesto, estamos predispuestos a preservar nuestro sentido de lo correcto, pero debemos estarlo. Si no lo estuviéramos, comenzaríamos de nuevo cada vez que nos acercáramos a un tema y nuestros argumentos anteriores serían en vano.

Sin embargo, la gente difiere en esto. Todo el mundo tiene la compulsión de tener razón. Lo que significa que quieren que las personas que los rodean piensen que tienen razón. Esto se logra fácilmente pronunciando las cosas que dicen las personas que te rodean. Las personas más capaces tienden a encontrar mejores formas de interpretar hechos nuevos. Algunas personas intentan estar por encima de la multitud para verificar las afirmaciones de forma independiente. Dar una audiencia justa a las reclamaciones de otros y seguir los datos a donde conducen. De hecho, muchas personas están capacitadas para hacer eso. Científicos, jueces, investigadores, médicos, etc. Eso no significa que siempre lo hagan (y no siempre), solo que se supone que deben intentarlo. Y sin embargo, a veces fingen no saberlo.

¿Tiene alguna idea en términos de soluciones prácticas a esto? ¿Cómo podemos cultivar una mayor conciencia de nosotros mismos y un razonamiento menos sesgado? ¿Cómo podemos buscar comunidades de conocimiento más sabias? Las personas que son más reflexivas son menos susceptibles a la ilusión. Hay algunas preguntas sencillas que puede utilizar para medir la efectividad. Suelen tener esta forma: ¿Cuántos animales de cada tipo cargó Moisés en el arca? La mayoría de la gente dice dos, pero la gente más reflexiva dice cero. (Fue Noé, no Moisés quien construyó el arca). El truco consiste no solo en concluir, sino también en verificar esa conclusión. Solo necesitas que una persona te diga: "¿Estás seguro?" Y que todos los demás se preocupen por la justificación. No hay ninguna razón para que el mundo no adopte este tipo de normas. El problema, por supuesto, es que existe una fuerte compulsión por hacer que las personas se sientan bien diciéndoles lo que quieren escuchar y que todos estén de acuerdo. Eso es en gran parte lo que nos da un sentido de identidad.

Estaba investigando un poco sobre si una forma de abrir la disciplina, es intentar cambiar la naturaleza de la conversación de un enfoque en lo que la gente valora, a otro en las consecuencias reales. Cuando habla de las consecuencias reales, se ve obligado a meterse en la maleza de lo que está sucediendo. Lo cual es una desviación de nuestro enfoque normal en nuestros sentimientos y lo que sucede en nuestras cabezas. La mayoría de la gente pasa por la vida con cierto nivel de simulación. Nuestros juegos de la primera infancia implicaban fingir. Esos juegos nos ayudaron a aprender a interactuar entre nosotros y con el mundo. Fingir en la infancia tiene muchos efectos positivos.

Curiosamente, la simulación adulta tiende a tener un impacto negativo. Puede disminuir su autoestima y destruir su credibilidad. Usted sabe por sus propias experiencias que causa problemas cuando finge que las cosas son diferentes de lo que son. Es probable que hayas trabajado para una persona que fingía no saber cosas. Miró para otro lado cuando ocurrieron problemas, o actuó de una manera que no se alineaba con lo que sabía que era cierto. Probablemente fue un desafío mantener un nivel saludable de respeto por esa persona. Mire el poder de la negación y cómo esa negación puede ayudarlo a ser eficaz.

Aquí, exploraremos cómo su propia simulación o la simulación de sus seguidores pueden limitar la efectividad. A los efectos del liderazgo, fingir es actuar como si algo existiera, o no existiera, cuando sabes en lo más profundo de tu ser que lo contrario es cierto. ¿En qué se diferencia fingir de negar? La mayor diferencia es que fingir significa que sabes algo pero actúas como si no lo supieras. Fingir no saber tiene algunas teorías. Hay diferencias, por ejemplo; existen diferencias entre las personas que dicen que no les importa y las personas a las que no les importa. ¿Alguna vez has conocido a alguien que parezca tener un umbral bajo para las tonterías? Rara vez permiten que nada ni nadie los moleste. Hay una diferencia entre las personas que fingen que no les importan y las personas a las que no les importa. Eso es conocer su autoestima.

Todos hemos tenido ese momento en el que hicimos la declaración de que ya no nos importaba. Tal vez sea esa fracción de segundo cuando crees que alguien te está saludando. Solo para darte cuenta de que no los conoces y están saludando a la persona detrás de ti. Te sientes un poco avergonzado, pero te encoges de hombros (lo que sea, no me importa). Tal vez fue esa fecha que dejó tu mensaje sin leer dejándote fantasma y te hizo salir de la cama por nada. Sin embargo, se siente un poco herido, pero levanta las manos y dice: (de todos modos, no me importaba). La verdad es que está bien sentirse herido, molesto o cualquier emoción incómoda que surja cuando alguien te ha hecho daño. La clave es no insistir en estas emociones o permitir que fomenten el resentimiento en tu ser.

+ La persona que finge que no le importa ignorará sus sentimientos heridos y su vulnerabilidad.

- La persona a la que no le importa reconocerá y aceptará sus sentimientos.

- La persona que finge que no le importa arrastrará su nombre y su negocio por las calles.

- La persona a la que no le importa no va a pasar horas cotilleando sobre ti.
- La persona que finge que no le importa va a contestar la llamada telefónica porque quiere escuchar la explicación.

- La persona a la que no le importa no responderá la llamada; puede devolver la llamada si le resulta conveniente.

- La persona que finge que no le importa va a regañar, quejarse y quejarse.

- La persona a la que no le importa dejará que sus acciones hablen por sí misma al distanciarse de ti.

- La persona que finge que no le importa va a poner excusas por un comportamiento no deseado.

- La persona a la que no le importa cree que todos somos responsables de nuestro propio comportamiento.

- La persona que finge que no le importa le va a enseñar cómo puede hacerlo mejor.

- La persona a la que no le importa trabaja continuamente en su superación personal y no va a pasar todo su tiempo tratando de curarte.

- La persona que finge que no le importa se volverá amargada y resentida.

- La persona a la que no le importa estará agradecida de haber visto tus verdaderos colores.

- La persona que finge que no le importa va a negociar contigo.

- La persona a la que no le importa adapta una mentalidad de tolerancia cero a la falta de respeto.

- La persona que finge que no le importa te acechará en secreto en las redes sociales.

✦ La persona a la que no le importa te bloqueará en las redes sociales si ignoras sus límites.

Si usted es alguien que se encuentra luchando con el cierre o que la gente cruza continuamente sus límites, algunos de estos pueden parecerle incluso un poco despiadados. En realidad, no preocuparse no tiene nada que ver con ser cruel o poco comprensivo con las personas. Tiene todo que ver con establecer tus límites, ceñirte a ellos y amarte lo suficiente como para alejarte si es necesario. No sucede de la noche a la mañana. No significa que no se sienta herido, traicionado o perdido. Lo que sí significa es que, a pesar de tus sentimientos, conoces tu autoestima y lo que te mereces. Los sentimientos son temporales, puedes trabajar en ellos, pero la dignidad no tiene precio. La próxima vez que alguien te haga daño, pregúntate: ¿estoy fingiendo que no me importa? ¿O voy a trabajar para que no me importe?

Te diré la importancia de dejarte ser tú mismo. Me gustaría preguntarte; ¿Cómo te sientes con la forma en que apareces en el contexto de tu vida? ¿Eres realmente tú mismo? ¿Sientes que puedes ser tú mismo sin importar la situación en la que te encuentres? Si regularmente sientes que no puedes simplemente relajarte y ser tú mismo, probablemente estés enfermo y cansado de eso o de la vida misma. Es muy probable que te pongas diferentes máscaras de manera tan habitual que ni siquiera te des cuenta de cuándo lo estás haciendo. Quizás lo hayas hecho toda tu vida. Últimamente he estado escribiendo sobre el agotamiento y la conservación de una energía positiva. Es una gran carga para tu mente, cuerpo y alma fingir con frecuencia ser, o sentir que necesitas ser, otra persona.

De manera similar, es muy agotador actuar regularmente como si se sintiera de una manera cuando en realidad se siente de otra, pero no se permite (o no siente que es seguro) expresar su verdad. Puedo asegurarle que quitarse las máscaras habituales que se pone para complacer e impresionar a los demás será crucial para transformar y sanar su vida. Fingir su camino por la vida es creer que si deja que la gente conozca su verdadero yo, no les agradará. Tal vez parezca que nada de lo que haces es suficiente. Las cintas que suenan en tu cabeza dicen que si la gente realmente supiera lo que está pasando dentro de ti, perderían el respeto por ti.

Tal vez sigas tratando de fingir hacer felices a los demás. Estarás agotada física, mental y espiritualmente. Mientras juegas esos roles, haz malabarismos con las máscaras que usas mientras te escondes del dolor. La presión aumenta para seguir fingiendo que lo tienes todo en orden. Consideremos más el costo de nuestras almas y la pérdida de nosotros mismos cuando hacemos esto. Créame, nunca habría descubierto mi verdadera identidad, a menos que comenzara a identificarme y a dejar mis máscaras. Como todo en la vida, todo lo que hacemos es pasar por un proceso

Esta es mi recomendación. Aquí hay algunas preguntas que le sugiero que considere para ayudarlo a quitarse las máscaras. Le recomiendo que exploren sus respuestas por escrito. Tal vez incluso responda una pregunta al día para que su verdad emerja profundamente durante un período de tiempo.

Piense en todas las ocasiones en su vida en las que sintió que tenía que estar bien cuando no pudo ser honesto de cómo se sentía realmente. Cuando elegiste fingir ser alguien que no eras. ¿Cuál es la causa de eso?

Si le pidiera que se describiera a sí mismo, ¿podría hablar de sus fortalezas y debilidades con confianza? (En otras palabras, ¿sabes quién eres realmente?)

¿Eres siempre igual en tu forma de actuar independientemente de la situación en la que te encuentres?

Cuando está con otras personas, ¿alguna vez se ha sentido tenso e incómodo y le resulta difícil relajarse?

¿Alguien te ha dicho alguna vez que pensaba que eras de una manera, pero luego, cuando te conocieron mejor, se dieron cuenta de que eras de otra manera?

¿Alguien ha comentado alguna vez cómo actúas de manera diferente con varias personas?

¿Alguna vez has actuado como si no te importara lo que piensen los demás, pero en el fondo te duele mucho cuando otros te juzgan o te rechazan?

¿Alguna vez finges que te gusta alguien que realmente no te gusta?

¿Cuáles podrían ser algunas de tus máscaras? ¿La máscara de "lo tengo todo junto"? El, "¿Soy una máscara de víctima?" Piensa en diferentes situaciones de tu vida en el trabajo, la escuela, el hogar, con los amigos, con la familia, etc. ¿Qué máscara puede surgir en esos momentos?

Obviamente, hay momentos en los que es adaptativo proteger su verdadero yo o sus sentimientos y pensamientos. Algunas personas y situaciones no son seguras y es aconsejable contenerse. Dicho esto, si te identificas que usas máscaras con frecuencia en situaciones "inseguras" (en las que temes la crítica, el menosprecio, la ira, etc.), puede valer la pena ver cómo reducir tu exposición a estas personas y situaciones.

A medida que se vuelva más consciente de las circunstancias en las que se pone una determinada máscara, no se frustre si no puede cambiar su comportamiento de inmediato. Es probable que haya estado haciendo esto durante años, tal vez incluso toda su vida. Sea paciente y gentil consigo mismo. Como siempre le digo a los humanos, el primer paso en el cambio es simplemente estar atento y darse cuenta cuando se involucra en un comportamiento que desea cambiar. Observe qué evento o persona desencadenó la colocación de una máscara. ¿Cómo se sintió cuando lo estaba usando? ¿Cómo te sentiste después? ¿Logró algo? ¿Hubo un resultado negativo? ¿Qué te gustaría hacer diferente la próxima vez que estés en esa situación para ser más auténtico?

La conciencia lo es todo. No te presiones para cambiar de la noche a la mañana y sé compasivo contigo mismo. Confíe en que si establece el objetivo de ser más real mediante la eliminación de sus máscaras habituales, podrá hacerlo con el tiempo. ¡Se sentirá muy bien! Lo único que debe hacer es confiar en el proceso. ¿Por qué pretendemos no saber? Es una pregunta con una respuesta más fácil de lo que imaginamos. Lo que queremos hacer es dejar de fingir y empezar a vivir.

"Recordar que vas a morir es la mejor manera que conozco de evitar la trampa de pensar que tienes algo que perder. Ya estás desnudo. No hay ninguna razón para no seguir tu corazón."

~ Steve Jobs

¿Te gusta tu trabajo? ¿Amas a tu pareja? ¿Estás feliz? Puede responder afirmativamente a estas preguntas, pero ¿es eso lo que cree en el fondo? La mayoría de nosotros pasamos por la vida fingiendo más que viviendo. Nos resulta más fácil decirnos a nosotros mismos que nos sentimos bien con algo o con alguien que admitir que no. Después de todo, la satisfacción no requiere acción. Al convencernos de que somos felices cuando no lo somos, evitamos las decisiones difíciles que serían necesarias para cambiar nuestra situación actual.

Si pretendemos que todo está bien, no hay necesidad de dejar ese trabajo que odiamos. No tenemos que lidiar con todos los riesgos, miedos y posibles desaprobaciones que podríamos enfrentar por parte de amigos, seres queridos y familiares si lo dejamos atrás.

No tenemos que decirle a nuestra pareja que ya no estamos enamorados de él o ella. O que no somos felices en nuestra relación. No tenemos que tragarnos nuestro orgullo y pedir ayuda cuando la necesitamos porque, oye, todo está bien, ¿verdad? Podemos simplemente sonreír y seguir fingiendo. Pasamos tanto tiempo tratando de adaptarnos a la sociedad y las expectativas de los que nos rodean que perdemos la capacidad de escuchar nuestros corazones. ¿Es necesario preguntarnos si nos gusta nuestro trabajo o aún amamos a nuestro cónyuge o pareja? ¿Realmente tenemos que preguntarnos si somos felices? La verdad es que algo dentro de nosotros ya conoce la respuesta. A menudo, la respuesta radica en el hecho de que tenemos que hacer la pregunta en primer lugar. Cuando estamos realmente felices, lo sabemos. Y cuando no lo somos, también lo sabemos.

No se necesita mucho coraje para pasar por la vida fingiendo que todo está bien. Exponer nuestro verdadero yo, abrazar completamente nuestros deseos más profundos y enfrentar nuestros miedos requiere una enorme cantidad.

Honestamente, pasé muchos años de mi vida fingiendo. Me dije a mí misma que estaba feliz con mi vida, y mi trabajo. A pesar de saber desde el primer día que no era el adecuado para mí. Sabiendo que odiaba que mi jefa me hablara mal y tener que tolerarlo porque ella es la jefa. Fingí estar de acuerdo con todos los que me rodeaban para evitar el riesgo de perder mi trabajo, el rechazo y la desaprobación. En cierto modo, incluso he fingido ser tímida cuando soy una extrovertida natural, sin duda. Al mismo tiempo, actuar con timidez me resultó muy conveniente. En muchas ocasiones, fue un medio para permanecer callada, evitar riesgos y mantener la ilusión de que era mejor de lo que realmente era. Después de pasar tanto tiempo escondiendo mi verdadero yo, finalmente llegué a un punto en el que había tenido suficiente. Basta de ser falsa, basta de relaciones superficiales, basta de tratar de gustar y buscar la aprobación de los demás. ¡Suficiente!

Fue entonces cuando tomé una decisión: dejaría de fingir. No quería tener relaciones falsas en las que le agradaba a la gente por algo que no soy, porque estaba demasiada asustada para mostrarles mi verdadero yo. No quería ir a lo seguro durante una cita por miedo a no dar la respuesta correcta o decir algo incorrecto y arruinarlo todo. Siempre estaba tratando de ser la persona que ellos querían que fuera solo porque quería ser amada y pensaba que era una forma de conseguir lo que quería. Todos queremos ser amados, pero si estamos en una cita con alguien que está híper analizando cada pequeña cosa que hacemos, esperando una oportunidad para rechazarnos, ¿cómo podrían ser la pareja adecuada?

Incluso si esa estrategia funciona, ¿no corremos el riesgo de terminar en una relación sin inspiración con la persona equivocada al pretender ser alguien que no somos?

Es más fácil fingir, que ser verdaderamente honestos con nosotros mismos, pero ¿cuál es el punto? Viene con un precio elevado. Si pretendo que mi trabajo actual es satisfactorio, ¿cuáles son las posibilidades de que haga los cambios necesarios para crear una carrera satisfactoria que le dé sentido a mi vida? Si pretendo ser feliz en una relación cuando mis verdaderos sentimientos dicen claramente algo más, ¿cómo puedo mejorar mi relación? Si constantemente intento ser alguien que no soy, ¿cómo puedo crear relaciones significativas con personas que me habrían amado si solo les hubiera dado la oportunidad de saber quién soy realmente? Quería que mis relaciones con los demás fueran significativas, profundas y emocionalmente gratificantes.

No quería analizar constantemente cada palabra que se me cruza por la mente y seleccionar solo aquellas que me permitan ganar la aprobación de la persona con la que estoy hablando. Quería poder decir que odiaba algo incluso cuando todos a mí alrededor lo amaban. Como mujer afrocubana americana que vive en Estados Unidos, quería poder admitir que no tengo ningún interés en el mundo político, incluso cuando todos esperaban que lo hiciera. Quería poder decir que aunque amo el vino y el queso, no sé nada de vino y apenas puedo comer queso. Quería admitir libremente que no podía recordar mucho sobre esta persona parada ante mí. Cuando me preguntaron sobre mis pasatiempos, quise decir con entusiasmo que me encanta fumar marihuana en lugar de murmurar sobre los demás. Me gusta ver películas y escuchar música cuando no estoy trabajando en mis muchas pasiones. Oh, pero en estos días, me estoy siendo honesta, mostrándome el verdadero yo y diciendo lo que es cierto para mí. Soy una emprendedora, por lo tanto, tengo muchos talentos. Si recientemente tuve un amigo o cliente trabajando en un nuevo proyecto que requería que navegara entre hojas de cálculo, le dije al cliente que no era bueno usando Excel debido a mi falta de experiencia con él. En el pasado, había ocultado el hecho de que no sabía y me sentía mal por eso durante días o incluso semanas. Me culpé por no ser lo suficientemente buena. Durante las fiestas, no tengo vergüenza de admitir que odiaba todos mis trabajos anteriores en el campo de la medicina y estaba ansioso por renunciar porque siempre tuve jefes idiotas. En el pasado, habría fingido que me gustaba solo para encajar con todos los demás. He compartido abiertamente mi pasión con personas que acabo de conocer. Hablé del negocio en el que estoy trabajando actualmente e incluso hablé sobre cómo imagino mi futuro. En el pasado, me habría quedado callada. Y sí, he declarado sin pedir disculpas el hecho de que odio hablar de política. He estado diciendo estas cosas por un tiempo, así que no es exactamente un nuevo logro para mí. Lo nuevo es cómo me siento al decir y hacer estas cosas. Una vez sentí culpa y vergüenza por eso, pero esos sentimientos se han disipado. En algún momento, dejé de sentirme mal por no disfrutar de una conversación presidencial sobre política. Dejé de disculparme por no disfrutar de mi trabajo. Dejé de culparme por no saber usar Excel. Eso fue incluso más liberador que decir lo que pensaba y mantenerme fiel a mí misma.

En otras palabras, pasé de aclarar y explicar mis declaraciones honestas a decir la verdad tal cual. Sin todos los comentarios innecesarios que normalmente le agregaría. Dejé de disculparme por ser yo y dejé de sentirme mal conmigo misma por cosas que no se pueden cambiar.

Fingir es costoso aunque no es dinero lo que regalamos, sino paz mental y felicidad. Afortunadamente, siempre tenemos una opción. Podemos seguir fingiendo que todo está bien, negarnos a correr riesgos. Podemos conformarnos con una buena relación, un trabajo mediocre - O podemos decidir aceptarnos a nosotros mismos como realmente somos, abrazar nuestro miedo e incomodidad y darnos la oportunidad de crear una relación significativa con nosotros mismos y con los demás fuera de nuestra zona de confort. Puede que sea hora de que dejes de fingir y empieces a ser verdaderamente honesto contigo mismo. De lo contrario, podría perder la oportunidad de encontrar una carrera que lo deje emocionado de despertarse cada mañana y conocer personas que lo amen por lo que es. No por quien pretendes ser.

Cómo aplicarnos en lugar de fingir

Simplemente expresa tu realidad. Como líderes, tenemos dificultades para enfrentar la realidad de nuestras inseguridades, y a veces fingimos que no existen para que nadie tenga que saberlo. La verdad es que quien eres siempre está dentro de ti. Debemos encontrar nuestra fuerza y avanzar hacia nuestra realidad con las partes de nosotros mismos que amamos y encarnarlo con todo lo que hacemos. Hay muchos de nosotros que no vivimos nuestra realidad porque estamos viviendo una vida fingida. Debes vivir tu grandeza porque cuando ves un gran talento y capacidades en los demás, puedes sentir que falta algo importante en ti. Recuerda que la grandeza que ves en ellos es la grandeza que aprecias en ti mismo. Cuando nos inspira otro es porque reconocemos la grandeza dentro de nosotros mismos.

Entonces, comencemos por dominar tus imperfecciones. Está totalmente bien ser imperfecto. Como líderes, ser dueños de nuestras imperfecciones significa ser dueños de nuestro ser REAL. Fingir nunca nos ayudará a reconocer las formas en las que somos deshonestos con nosotros mismos y con los demás, pero la perfección no es el camino. Nuestro destino es la autenticidad. Debes liderar desde tus fuentes. Liderar desde nuestra fuente nos desafía a encontrar nuestros sueños, inteligencia, sabiduría, conocimiento y creatividad. Liderar desde nuestra fuente requiere coraje. Vivir sin fingir requiere fuerza. La mayoría de las personas fracasan en la vida no porque piensen en GRANDE sino porque se sienten pequeños. Cuando pretendemos ser o sentimos lo que no somos, nos robamos la gratificación de lo que realmente somos. Aprenda a liderar desde adentro, cuando aceptamos todo lo que somos nos damos cuenta de todo lo que podemos llegar a ser.

"Cuando hayas eliminado lo imposible, lo que quede por más improbable que sea, ¡debe ser la verdad!"

Lo que puede causar demasiado fingir

Me preocupa, y me preocupa mucho. Realizamos nuestras rutinas diarias con una gran carga en nuestras mentes. Puede tener que ver con perder peso, envejecer, sentirse solo, dilemas familiares, progresión profesional estancada, problemas de deudas o cualquiera de los muchos problemas que la vida aterriza en nuestra bandeja de entrada (lidiar con este desafío).

Sin embargo, a pesar de todas estas cosas que existen debajo de la superficie, cuando alguien dice, ¿cómo estás? Es más probable que digamos "¡Estoy bien!". Entiendo que sería extraño que nos quejáramos y nos revolcáramos en la autocompasión todo el día. ¿Quién querría estar cerca de eso? Pero habrá una desventaja en toda esta supresión, negación y otros mecanismos de defensa que todos empleamos para ayudarnos a hacer frente a nuestras tareas diarias. Hacemos nuestro mejor esfuerzo para evitar lidiar con la incomodidad que es una parte natural del ser humano. Usamos el afrontamiento evitativo para enfrentar los desafíos de la vida. La negación a largo plazo puede conducir al auto sabotaje y a la incapacidad de saber qué es real y qué está fabricado. Nos justificamos todo tipo de cosas para vivir una vida lo más libre de conflictos internos posible.

Claro, podemos tratar de descartar nuestros pensamientos y ser más conscientes cuando estamos usando distorsiones cognitivas como negatividad catastrófica, personalización o pensamiento en blanco y negro para minimizar el impacto emocional de fingir demasiado. Pero he sido testigo, repetidamente, de personas que se esfuerzan demasiado por explicar los desafíos de la vida que no pueden explicarse de manera efectiva. Los síntomas típicos de fingir demasiado se fomentan inadvertidamente en la escuela. Tener dos caras y apaciguar en la compañía con la que estás es lo que hacen muchos niños para ser popular. (Encaja, no seas diferente y no seas tú mismo). Estos son mensajes que la dinámica escolar moderna enseña sin saberlo. Las escuelas son como academias de actuación. Aprendes a hacer lo que debes, a no ser acosado, a no destacar y a ser popular. Simplemente NO ES DE INTERÉS decirle a los demás que no te gusta algo que va en contra del acuerdo y así comienza el condicionamiento. Aprenda a expresarse y a hablar sobre sus sentimientos. Cuando alguien te pregunta ¿cómo estás?, no es necesario que les cuentes la historia de tu vida, pero si no estás "bien", dilo. Si la persona realmente no quiere saber la respuesta, no debería preguntarte. Acepta que ser humano significa experimentar dolor, dudas y, a veces, tristeza. Ser feliz y emocionado también es parte del ser humano. Deberíamos abrazar a ambos por igual.

"No se agote tratando de jugar al sanador en cada relación. Sé que verás el potencial de algunas personas, pero a veces ellos no ven lo que tú ves. No es tu culpa. No es tu trabajo hacer crecer a alguien si no quiere. Se trata de construir juntos y expandirse por igual. Se trata de mejorarnos mutuamente y equilibrarnos. No se pierda tratando de mejorar a las personas. Tú mereces mucho más. No te conformes"

¿Quiénes son tus verdaderos amigos?

Si todo lo que tuvieras que ofrecer fuera amistad, ¿quién seguiría ahí? Me di cuenta que la gente finge estar bien cuando sus almas están en venta. A veces son las personas que más amas las que principalmente quieren verte fracasar, ¡y eso es real! El hecho de que viajen contigo no significa que viajen por ti y eso es un hecho.

La lealtad no debe depender de tu presencia, se trata más de cómo actúan a tus espaldas. ¿En quién puedes confiar? Algunos de nosotros estamos luchando por personas que ni levantarían un dedo por nosotros, sin embargo, estos son los que llamamos verdaderos amigos y familiares. Ya sabes, los que se preocupan tanto por tus luchas, pero están tan callados cuando ganas. ¡Los que te traen chismes sobre ti pero nunca defienden tu nombre! A medida que pasa el tiempo, preste atención, es posible que todos en su círculo no estén en su esquina. El apoyo no siempre proviene de caras conocidas. ¡A veces Dios coloca a un extraño en tu vida para llevarte a lugares más altos! No se sorprenda si su crecimiento hace que su círculo sea más pequeño, a veces para agregar a su vida debe restar. ¡Aprendí esto de la manera más difícil porque nunca fui tan buena en matemáticas!

Comprenda que no es el tamaño de su círculo lo que importa. ¡Es la lealtad que hay en él! ¿Tu círculo tiene ese tipo de compromiso? ¿Están felices por ti cuando ganas? Los verdaderos amigos no se odian, se empujan unos a otros para conseguirlo. ¿Tienes ese tipo de amistades en tu vida? Los virus son muy contagiosos, y te lo prometo, quienquiera que te rodee constantemente en tu vida seguramente lo persuadirá. ¡¡¡Despierta!!! No todo el mundo reza por ti para lograrlo. ¿Realmente te aman o simplemente fingen? ¿Realmente te quieren o simplemente te usan? Para algunos, eres solo una oportunidad. Así es como serán estos falsos amigos. Vienen a tu vida solo para tomar lo que necesitan, y cuando ya no pueden beneficiarse de tu vida, bueno, es cuando su lealtad se va.

Si todo lo que tuvieras que ofrecer fuera amistad, ¿a quién aún podrías llamar a tu amigo? ¡Tómese el tiempo para hacerles saber que los aprecia!

"Un enemigo honesto es mejor que un amigo falso. En caso de duda, preste más atención a lo que hacen las personas y menos a lo que dicen. Las acciones no solo hablan más fuerte que las palabras, son más difíciles de fingir".

Cría a tus hijos

Un consejo:

Exprese grandeza en la vida de su hijo cada vez que tenga la oportunidad. Nunca dejes de plantar semillas de amor sobre ellos. Demasiados niños crecen sin creer en sí mismos porque sus padres nunca creyeron en ellos. Apoye sus sueños y amplíe su visión, ayúdelos a alcanzar sus metas. Ayúdelos a ganar en la vida. ¡Siempre debes ser a quien corran, no de quien huyan, a pesar de la edad!

Usted debe ser el que las construya, no el que los descomponga. No quieras controlar la vida de su hijo/a. No limites su vida debido a tus limitaciones. Lo que no pudiste hacer no tiene nada que ver con lo que ellos puedan hacer. Enséñeles a pensar en grande. Enséñeles a elevarse por encima. Entiende, eres tú quien marca el tono de su vida. Se alguien a quien puedan admirar. Lo que les inculques crecerá en ellos. Se alguien en quien realmente puedan depender. No olvide que solo puede criar a su hijo una vez. Por lo tanto, haga todo lo posible para dar lo mejor de sí mismo porque se lo merecen.

Como padre de niños pequeños, lees estos artículos y te sientes paralizado por la angustia, el miedo y los mensajes contradictorios. ¿Qué es exactamente lo que se debe hacer? ¿Dónde voy mal? ¿Debo rendirme y abrir una cuenta de ahorros para las futuras sesiones de terapia de mi hijo?

La parte que más me asusta es que estamos tan abrumados por el juicio de la crianza moderna que se siente más seguro (y mucho más fácil) no hacer nada. Encendemos el televisor y nos escondemos en la tecnología.

Deberías saber algo...

El cambio comienza con un padre y un hijo a la vez. Tiene una hermosa ventana de oportunidad para construir la base que su hijo necesita desesperadamente, pero también anhela. La base para cosas como la generosidad, la responsabilidad, el aprecio, la calidez, la amabilidad, y la ética del trabajo duro, todo comienza durante los primeros años. Aquí está la parte difícil. Comienza con nosotros, los padres. Los niños ni siquiera pueden pensar en el nivel de madurez necesario para romper un ciclo de comportamiento, y mucho menos hacer algo al respecto. Entonces, como padres, tiene que comenzar con nosotros. La base para niños bien adaptados siempre comienza con nosotros.

Aquí hay formas sencillas que ayudan a criar hijos bien adaptados. ¿Volvamos a lo básico, de acuerdo?

- Límites

  ¿Qué crees si ponemos límites? Fácil ¿verdad? Aunque parezca fácil es difícil establecer límites para los niños y que lo respeten. Esto es especialmente cierto cuando los niños se apartan, gritan sin cesar o amenazan con cosas como "Te odio". Recuerde que cuando los niños actúan de esta manera, están satisfaciendo sus propias necesidades de la única manera que saben. Dependiendo del límite, puede pasar mucho tiempo antes de que un niño acepte con amor el límite de sus padres. Cuando los niños comienzan a empujar hacia atrás o a gritar menos, en realidad es su hijo avanzando hacia la aceptación del límite. Si su límite es como una pared (y no una puerta que se abre de manera confusa de vez en cuando) su hijo rebotará y eventualmente trabajará para satisfacer sus necesidades de una manera alternativa. El mundo es un lugar muy caótico. Los límites ayudan a su hijo, no solo a sentirse conectado a tierra, sino a prosperar. Examínese y piense cuáles son sus límites reales. Entonces recuerde, son paredes de ladrillo, no puertas.

- Rutinas

Gran parte de la infancia es nueva y desafiante para los niños. Aprendiendo el autocontrol y la empatía. Aprender a ser amigo e interactuar con los demás. Todas estas cosas son GRANDES para los niños. Usar algo tan simple como tarjetas didácticas de rutina imprimibles puede ayudar a los niños a sentirse conectados y relajados. De hecho, saber qué esperar durante las comidas, las mañanas y la hora de dormir puede brindar una sensación de alivio incluso al niño más despreocupado. Oh, ¿y tienes un hijo de fuerte voluntad? Aun mejor. Las rutinas permiten que los niños tengan una sensación de control, algo que es muy importante para un niño de voluntad fuerte.

- Empatía

¿Qué necesitan realmente los niños para ser felices y tener éxito? La respuesta sorprende más: Empatía. Es el rasgo que nos permite caminar en los zapatos de otra persona. Una nueva investigación muestra que la empatía juega un papel importante en la predicción de la felicidad y el éxito de los niños.

Aunque los niños son programados para preocuparse, no nacen empáticos, al igual que no nacen sabiendo cómo pedir un café con leche en Starbucks. Es un comportamiento aprendido. "La empatía promueve la bondad, los comportamientos pro sociales y el valor moral, y es un antídoto eficaz contra el acoso, la agresión, los prejuicios y el racismo. La empatía promueve los ingredientes esenciales para el éxito del liderazgo y un desempeño excelente."

- Abrazos

Algunos de ustedes probablemente estén pensando "un abrazo, ¿de verdad?" Bueno, hay un dicho: "Necesitamos cuatro abrazos al día para sobrevivir. Necesitamos ocho abrazos al día para el mantenimiento. Necesitamos doce abrazos al día para crecer".

Abrazar desencadena la liberación de oxitocina, también conocida como la hormona del amor. Esta hormona del bienestar tiene muchos efectos importantes en nuestros cuerpos. Uno de ellos es la estimulación del crecimiento. (Historia real) Los estudios demuestran que los abrazos pueden aumentar instantáneamente el nivel de oxitocina. Cuando aumenta la oxitocina, también aumentan varias hormonas del crecimiento, como el factor de crecimiento similar a la insulina-I (IGF-1) y el factor de crecimiento nervioso (NGF). El toque cariñoso de un abrazo puede mejorar el crecimiento de un niño.

- Sean padres JUGADORES

Los niños no dicen, tuve un día difícil... ¿Podemos hablar? Dicen, ¿jugarás conmigo? Ya no reservamos mucho espacio en nuestras vidas para la diversión y los juegos. Nuestros días están llenos de estrés, obligaciones y trabajo duro, y sin darnos cuenta, estamos más desconectados de nuestros hijos que nunca. El juego es el trabajo del niño y para conectarnos con nuestros niños, debemos jugar con ellos. Tomémonos el tiempo para dejar nuestros teléfonos y darnos cuenta de lo que necesitan nuestros hijos. Suena tonto, pero todas las publicaciones e historias sin sentido en Instagram, Facebook y recetas sabrosas al azar seguirán ahí años después, pero nuestros hijos no. Todos crecemos, pero dejamos algo de espacio para ese niño que debemos mantener dentro de nosotros de por vida.

- Tiempo al aire libre

El movimiento a través del juego activo especialmente al aire libre mejora todo. Desde la creatividad hasta el éxito académico y la estabilidad emocional. Los niños que no pueden hacer esto pueden tener muchos problemas. Problemas con la regulación emocional, por ejemplo; lloran en un abrir y cerrar de ojos, tienen problemas hasta para sostener un lápiz. Tocan a otros niños con demasiada fuerza o simplemente miran. O al ver un miembro de la familia que no ven a menudo se vuelven extremadamente tímidos. ¡El tiempo al aire libre es extremadamente importante!

- Quehaceres

  Aunque en este momento es más difícil persistir en que los niños hagan las tareas del hogar, los niños se benefician de la experiencia. Las investigaciones indican que los niños que tienen un conjunto de tareas tienen una mayor autoestima. Son más responsables y están mejor capacitados para lidiar con la frustración y retrasar la gratificación. Todo lo cual contribuye a un mayor éxito en la escuela. Además, las investigaciones muestran que involucrar a los niños en las tareas del hogar a una edad temprana puede tener un impacto positivo más adelante en la vida. De hecho, el mejor predictor del éxito de los adultos jóvenes a mediados de los vente fue que participaron en las tareas del hogar cuando tenían tres o cuatro años.

- Más límites de tiempo de pantalla

  Para que las redes neuronales del cerebro se desarrollen normalmente durante el período crítico, un niño necesita estímulos específicos del entorno exterior. Estas son reglas que se han desarrollado durante siglos de evolución humana. No es sorprendente que estos estímulos esenciales no se encuentren en las pantallas de las tabletas actuales. Cuando un niño pequeño pasa demasiado tiempo frente a una pantalla, iPad, Celular, o cualquier otro tipo de dispositivo, no reciben suficientes estímulos requeridos en este mundo real y su desarrollo se atrofia.

- Experiencias, no cosas

Los niños necesitan menos cosas materiales y mucho más experiencias significativas. Cuando crezcan, no recordarán las cosas de su vida, es el tiempo que pasaste con ellos practicando para su gran juego o recital de música, o ese castillo de arena que ambos construyeron cuando la ola lo derrumbó en la playa. Las mejores experiencias de la vida cuestan poco o nada. Como un picnic en el parque. Hacer burbujas en el patio. Hacer dibujos con tiza en la acera o lanzar una pelota de fútbol. Todos tienen una cosa en común: lo hacen juntos. Lo que los niños realmente quieren en la vida es pasar tiempo de calidad con sus padres. ¡Consíguelo!

- Días de movimiento lento

Animo a los padres a que tomen un tiempo para observar a sus hijos. Ya sea que estén jugando, haciendo la tarea o comiendo un bocadillo. Tómese un momento para absorberlos. Recuerda y recuérdate lo extraordinarios que son sus hijos. Esa pausa sola, aunque sea momentánea, puede impulsar un cambio en el ritmo.

- Libros que se les leen

Una de las cosas más importantes que pueden hacer los padres, más allá de mantener a sus hijos sanos y seguros, es leer con ellos. Eso significa comenzar cuando son recién nacidos cuando ni siquiera pueden hablar-y continuar más allá de los años en que pueden leer por sí mismos. Estudio tras estudio muestra que la lectura temprana con los niños les ayuda a aprender a hablar, interactuar, vincularse con los padres y leer temprano ellos mismos. Leer con niños que ya saben leer les ayuda a sentirse cerca de los cuidadores, comprender el mundo que los rodea y ser empáticos habitantes del mundo.

- Música

La ciencia ha demostrado que cuando los niños aprenden a tocar música, sus cerebros comienzan a escuchar y procesar sonidos que de otra manera no podrían escuchar. Esto les ayuda a desarrollar una "distinción neurofisiológica" entre ciertos sonidos que pueden ayudar en la alfabetización. Lo que puede traducirse en mejores resultados académicos para niños, adolescentes y adultos. La música es extremadamente importante en nuestras vidas y también es un gran factor para la felicidad.

~"Para estar mañana en el recuerdo de tus hijos; debes de estar presente en sus vidas hoy."

Lucha por tu vida

Hay una pelea a la vuelta de la esquina esperándote, así que es mejor que aprendas a pelear. ¡Tienes que levantarte todas las mañanas y luchar! Arañando y rascando. Tienes que vencer la depresión, tienes que vencer la ansiedad y tienes que vencer esa vocecita en tu cabeza que te dice que no eres lo suficientemente bueno. Cuando hablo de pelear, no me refiero a la gente. Hablo de situaciones. Me refiero a las circunstancias. Me refiero a oportunidades por las que a veces hay que luchar. ¡Vamos vida, luchemos! ¡Vamos trabajo, vamos carrera, vamos! ¡¡¡Me voy a la guerra!!!

Ese sueño no se va a quedar ahí sentado y esperar a que vengas a buscarlo. Tienes que perseguirlo. Como una mujer poseída… ¡tienes que ir a buscarlo! Pero para ganar peleas, debes tener resistencia. Tienes que estar listo para luchar y recuperarte. Puñetazo y contraataque. Te dan un puño pues da un puño de vuelta. La vida es una serie de luchas. Lo peor que puedes hacer es huir de tus peleas, porque si la vida es una serie de peleas y te escapaste, ¡simplemente escapaste de tu vida! ¡Tenemos que luchar! ¡No podemos recostarnos! Cuando te recuestas, te atropellan.

Cuando estás a punto de pelear o sabes que se acerca una pelea, tu adrenalina comienza a bombear. Tu corazón comienza a acelerarse. ¡Tu mente se pone bien y dice que voy a ganar esta batalla y no me importa quien se joda!

Algunos de ustedes están luchando por su vida, ¿Por qué? ¿Es que el médico le dijo q no tiene ninguna posibilidad? Pues lo mejor es que no sientas lástima por ti mismo. No te hace falta, ni te ayuda a recuperarte. Es mejor que no te recuestes y te rindas. ¡Será mejor que te levantes y luches! Porque un espíritu feliz trata el cuerpo como una buena medicina.

Luchando por el futuro. Luchando por tus sueños. Luchando por el éxito. Cuando llegues a casa, levanta los brazos como un campeón. A veces en la vida te atrapan con uno bueno. No viste venir el divorcio. No viste venir las trampas. No viste venir el despido. ¡Así que te han dado un puñetazo!

Yo misma he estado allí. La vida me ha dado unos cuantos puñetazos. Padezco de epilepsia y me dan convulsiones. He tenido tres accidentes cerebrovasculares "stroke". Tuve que aprender a caminar de nuevo y todavía tengo un déficit del lado izquierdo. Tuve cáncer. Vivo con un monitor cardíaco porque mi corazón tiene sus propios problemas personales. Pero eso no significa que pueda dejar de pelear. ¡Tienes que levantarte! Cuando te golpeen, levántate. ¡Si te golpean en el estómago, levántate! Tienes que aprender a pelear una batalla a la vez porque es posible que no ganes la lucha, pero tienes que ganar la guerra. Tienes que tener la actitud correcta, y la mentalidad correcta-porque se aproxima una guerra y no puedes renunciar hasta que ganes.

"Cuando piense en su vida, recuerde esto: ¡Ninguna cantidad de culpa puede cambiar el pasado, y ninguna cantidad de ansiedad puede cambiar el futuro!"

#Relájese

La Ley de Atracción

¿Qué quieres hacer en la vida? ¿Se lo pides al universo?

Muchos de nosotros elegimos nuestros caminos por miedo, porque lo que realmente queremos parece posiblemente fuera de nuestro alcance y es ridículo esperar. Por lo que nunca nos atrevemos a pedírselo al universo. Jim Carey dijo una vez; "Recuerda que la vida no te pasa a ti, pasa por ti". ¿Y cómo lo sabe? Su respuesta fue que no lo sabía, "¡solamente estaba haciendo un sonido y eso es lo importante!" Bueno, al igual que Jim, también estoy haciendo un sonido. Los sonidos de las palabras que dicen que no puedes renunciar a tus sueños.

Creo que eso es lo que realmente importa. Dejándonos saber que estamos aquí el uno para el otro. Recordarnos mutuamente que somos parte de un YO más grande y pedirle al universo lo que piensas que es imposible.

Hagamos un ejercicio. TALENTO.

Di la palabra talento sin abrir la boca y sin decir nada al exterior. A la cuenta de tres, diga la palabra Talento.

¿Listo? 1. 2. 3. TALENTO

Si lo dijiste en tu cabeza correctamente, sin decir la palabra en voz alta, la pregunta que debes hacer es: ¿qué voz era esa? ¿Qué voz acaba de hablar? Dijiste la palabra talento sin mover la boca en absoluto. Además de decir talento, te escuchaste a ti mismo decir talento. ¿Cómo puedes oírte a ti mismo decir talento y no ha ocurrido una sola vibración de sonido? Esto pone una perspectiva diferente sobre qué es el sonido y qué es la memoria.

La memoria no está en el cerebro; está en el alma. Lo único que tomas después de esta vida son tus recuerdos, o tus conocimientos, tus experiencias. ¡Eso es lo único que te llevas! Pero si dijeras talento en tu mente, ¿qué voz habló? Eso lo escuchaste pero no con tus oídos porque tu boca no se movió. Los oídos no lo oyeron, la boca no se movió, pero ¿hablaste? ¿Y te escuchaste hablando?

Si cierras los ojos, puedes ver esto aún mejor. ¿Cuál es la vista que puede ver tu futuro? Estos dos ojos no ven el futuro, estos dos ojos no ven el pasado y sí, puedes ver tu pasado y puedes ver tu futuro. De hecho, puedes ver tu pasado, pero ¿cuál es la vista que puede ver más allá del tiempo?

Esta es una meditación antigua, de hecho no soy la carne, soy la energía en la carne y esto está probado, esto no es falso, no es religión. Este es un hecho real de que puedes hablar sin mover la boca, puedes oír sin oídos, puedes ver sin ojos. Entonces, ¿qué pasa cuando estos ojos, esta boca y estos oídos caen a la tumba? Estos otros sentidos son todo lo que te llevas. La muerte es una ilusión, una vez que te das cuenta de esto, vives tu vida con más valentía.

Nadie quiere morir antes de tiempo, así que tratamos de protegernos. Pero sepa que este cuerpo es su limitación. Este cuerpo no es tu máximo. Lo último es esa voz que acaba de decir talento. Esa voz que acaba de decir talento sin que nada se mueva físicamente. Esa persona es inmortal. Esa persona no está aquí contigo.

Profundicemos. El cuerpo está en tres dimensiones; Frente, atrás, izquierda, derecha, arriba y abajo. Ah, y tiempo-más tiempo. Esa es una realidad física. Entonces, ¿qué pasa con la entrada y la salida? ¿Qué hay dentro y fuera? ¡Talento! El talento dice... ¡Existo sin el cuerpo! Entonces, ¿dónde está esta otra existencia? ¿Dónde está? No está aquí, esta voz está en una dimensión completamente diferente. Simplemente cambie un poco, hable más consigo mismo, afirme más, no vaya a decir que no puedo hacer esto, no puedo hacer aquello. ¡Entra diciendo que soy el mejor de todos! Tengo todas mis necesidades viniendo con rapidez.

Soy un ser de amor, luz y conocimiento. Ningún arma que se forme contra mí prosperará. Lo que sea que tengas que decir, ¡DILO! Así es como los dioses crearon toda esta realidad. ¡Talento! Antes de que existiera un cuerpo, existía esta voz viajando en esta dimensión de voces. Para llegar aquí a la tierra, la voz interior creó esta extensión exterior de sí misma para estar en esta dimensión. Una vez que te das cuenta de que no estás solo en esta dimensión sino también en otra dimensión, eres libre porque lo que sea que te suceda en esta dimensión no es tu única realidad.

Así fue como Jesús pudo ser golpeado, brutalizado y colgado en la cruz. ¡No estaba aquí! Él era el talento. ¡Haz lo que quieras con el cuerpo, yo no estoy aquí! Ahora, una vez que te das cuenta de ese nivel de conciencia en el que te identificas como el espíritu y no como la carne, eres la voz interior, no la voz exterior. Una vez que te conviertes en tu voz interior, ¡tu voz exterior tiene poder! Cuando habla, no es solo una carne hablando, hay un ser que habla a través de la carne y aquí es donde sanas todas las enfermedades de tu cuerpo.

Aquí es donde le ordenas a la realidad que trabaje contigo y funcione de acuerdo con tu conciencia. ¿Por qué? Porque no es la carne la que habla, hay un ser real en la carne que habla. Y cuando un ser real habla, toda la naturaleza y el universo responden. Como siempre digo,

¡Todo empieza contigo!

¡Sé fuerte, puede que esté tormentoso ahora, pero nunca llueve para siempre!

¿Alguna vez has sentido que te estás derrumbando? ¡Como si el tiempo pasara y estuvieras atrapado en el mismo lugar!

Entiendo por lo que estás pasando. He estado ahí. A veces es necesario que algunas cosas se derrumben para que las cosas mejores encajen en su lugar. ¡A veces es necesario perder aquello con lo que te estás conformando para recordarte lo que realmente te mereces! A veces se necesitan los caminos más incómodos para llevar tu vida al lugar más hermoso. Créame, sé que es difícil, pero nunca verá el propósito de la tormenta hasta que vea el crecimiento que produce.

Nunca verás el propósito de que alguien deje tu vida hasta que veas que fue lo mejor para tu vida. Nunca entenderá por qué está pasando por lo que está pasando hasta que vea la fuerza, el poder y el crecimiento que construyó dentro de usted. Necesito que me escuches, me creas y me entiendas. ¡Sí, tú! ¡Tú situación actual no es tu destino final! Esta tormenta eventualmente se quedará sin lluvia. Esta lucha que parece durar para siempre terminará sin dolor. Lo que te te lastimó, te convertirá en tu mejor persona. Ese tú roto, te convertirá en lo mejor de ti. Deja que el momento más difícil de tu vida se convierta en tu mejor vida. Deje que estos días malos creen sus mejores días.

Necesito que entiendas que el hecho de que algo haya terminado no significa que tu vida haya terminado.

La vida es como un libro, pero este capítulo no es tu historia y este momento no es tu identidad. Este dolor que sientes no es tu vida. Este dolor que sientes se convertirá en poder. Esta debilidad se convertirá en fuerza. Tu confusión se convertirá en paz. Vienen mejores cosas para tu vida. Esas lágrimas se secarán, tu corazón sanará, tu mente se calmará y la tormenta terminará. Tomará tiempo, pero te prometo que las cosas mejorarán y todo lo que estás pasando eventualmente se convertirá en todo lo que lograste. No olvides que cada día es un nuevo comienzo. ¡Haz el tuyo hoy! Todo comienza contigo.

"Es una cosa divertida de la vida, una vez que comienzas a tomar nota de las cosas por las que estás agradecido, comienzas a perder de vista las cosas que te faltan. A todos nos afecta nuestro pasado, pero está en nuestro poder no dejar que lo que hemos hecho dicte lo que haremos".

Debes tener hambre para triunfar

Siempre quise estar en el campo de la medicina, así que hice un curso. Me convertí en asistente médico y, por supuesto, ahora quiero trabajar. Fui a buscar trabajo y en el camino, me volví un poco exigente y decidí que quería trabajar para un hospital específico. Voy al hospital. Cuando estoy allí, me encuentro un hombre en el pasillo que me mira y me dice, ¿puedo ayudarla? Le digo, "sí, por supuesto, que estoy buscando trabajo." Me dice, "bueno, puedo decirte esto, no están contratando aquí. Pero, si tienes suficiente hambre, puede pasar cualquier cosa." Entré al departamento de recursos humanos con un aspecto perfecto para el trabajo en el hospital para el que quería trabajar. Pero para mí no tan sorpresa, la supervisora me dice, lo siento pero no estamos contratando en este momento.

Me fui y volví al día siguiente y hablo con la misma supervisora y le digo: "Hola, ¿cómo estás? ¿Están contratando?" Ella me mira con una cara extraña y me dice, "¿no viniste ayer?" Y dije, "sí, yo vine." Me mira con una cara extraña nuevamente pero me dice, "me disculpo no estamos contratando en este momento." Le dije que estaba bien. "¡Gracias, solo vine porque pensé que tal vez hoy alguien simplemente no apareció o renunció!" De nuevo, ella me mira extraña pero rápidamente me di la vuelta y me voy.

Llegó el día siguiente y, ¿qué hice? Fui a buscar un trabajo al hospital para el que quería trabajar. Hablo con la misma supervisora. Ella me mira y dice, "Señora, le dije que no estamos contratando." La miré y le dije, "bueno, estaba pensando que tal vez alguien podría haber sido despedido."

Dijo que no se ha dejado ir a nadie. Una vez más dije, "¡OK! Gracias y disculpe cualquier molestia."

Estamos en el día número cuatro. Vuelvo al hospital y vuelvo a hablar con la misma supervisora. En ese mismo momento me mira y me dice: "hazme un favor, ¿puedes ir a buscarme un café?" Le dije que, "sí señora" Bajé y le traje café y tostadas. Cuando subí no solo le traje el café y las tostadas, también me conseguí un trabajo. No obtuve el puesto de asistente médico que quería, pero definitivamente estaba trabajando en el hospital en el que quería. Ahora estoy un paso más cerca.

Estoy en el departamento de Recursos Humanos. Me dieron una posición flotante haciendo cosas que no eran de mi agrado. No quiero estar encerrada en una oficina siendo asistente de alguien. Pero estuvo bien, me dieron una oportunidad y la mantuve. El supervisor del departamento en el que estaba me envía a cubrir en otro departamento del hospital. Cuando llegué a la oficina, me preguntan, "¿qué estudiaste de nuevo?" Digo; "soy asistente médico." Entonces, responden, "¿puede hacerme un favor, puede cubrir la recepción mientras llega nuestro representante?" Y digo, "no hay problema." Me senté en la recepción y comienzo a contestar el teléfono.

Empiezo a ocuparme del negocio sin formación, sin nada. Me están aguantando porque solo estoy cubriendo a otra persona. Ahora la persona a cargo de la recepción regresa y dice, "gracias por cubrirme." Respondo, "de nada, fue un placer." Me preparo para irme y, cuando estaba por salir, entra un médico que necesita ayuda. Me pregunta; "¿trabajas aquí?" Respondo; "¡Si soy nueva!" Dice él; "¡genial, ven y ayúdame!" Ojo; acabo de salir de la escuela, así que todo lo que el doctor me estaba pidiendo que haga, lo supe. Sabía lo que estaba haciendo al cien por ciento. ¡Estaba hambrienta! Después de ayudar con éxito al médico, me vuelvo hacia él y le digo, "Doctor, me gustaría presentarme como es debido. Mi nombre es Joanne y no soy empleada aquí. Estaba ayudando temporalmente en la recepción." Y él dice: "Pues ya eres empleada permanente-hablare con la administración". ¡Yo estaba hambrienta! Tenía tanta hambre que me alimentaron. Comí porque era lo que quería. Ésta es la razón por la que te digo que tienes que tener hambre. Si tienes hambre, tendrás éxito. Puedo asegurarte que lo que nunca debes hacer es rendirte. Cuando te digan que no, convierte ese no en un sí. Si tienes hambre, necesitas alimentarte. Si no comes, ¿cómo sobrevives?

Sin comida, sin agua, sin comer. No es posible porque eres humano. Por lo tanto, no aceptes un no por respuesta. Si no están contratando, bueno, van a empezar a contratar. Si realmente lo deseas, en el momento en que entres por esa puerta, ya están contratando. Si quieres algo en la vida, tienes que estar lo suficientemente hambriento para ir tras él y comer. Una vez que lo hayas hecho, no habrá nada más que decir, solo "¡buen provecho!

~"Desafortunadamente, una gran abundancia de sueños se paga con un potencial creciente de pesadillas".

Hacia adelante

Hay momentos en los que sientes que no puedes olvidar a alguien aunque quisieras. Te preguntarás, ¿cómo es posible que sigan adelante y yo sigo atrapado aquí? Están felices y todavía lloro por ellos. ¿Cómo sigo adelante? Sí, es difícil. Pero simple.

Primero, debes querer seguir adelante. Solo depende de ti. Entonces tienes que cambiar su identidad. Cambia su identidad y te aseguro que la identidad que tienen en tu corazón es de placer. Entiende que esa identidad es algo que te hace sentir bien. Pero, ¿qué pasa cuando algo te hace sentir bien? Se convierte en adicción. Es como una droga y la tienes a mano porque te hace sentir cómodo. Cuando algo te causa dolor, huyes de él, ¿verdad? ¡Por eso no metemos las manos en el fuego! Porque te trae dolor, ¿verdad?

Ahí es cuando ocurre la adicción. Aunque ahora causa dolor, al principio te programas para decir que esto te da placer. Dices que esto me hace sentir bien, alivia el estrés y me hace olvidar mis problemas por el momento, por lo que es difícil romper. Y eso es exactamente lo que está pasando en tu vida. Eres adicto a esta persona. Eres adicto al sentimiento que esta persona solía darte. Eres adicto a la persona que solía ser, que ya no lo es.

Tienes que romper el ciclo para romper el hábito. Eres humano, y como eres humano, querrás volver a esa persona. Pero cuando eso sucede, es cuando necesitas detenerte y darte cuenta de que no vas a volver al placer, sino al dolor. Esta persona es dolorosa, y es entonces cuando tienes que ponerte en acción, programarte y decir: "¡No voy a volver al dolor!" Haz lo que tengas que hacer. Bloquearlos de todas partes. Cambia su nombre en tu teléfono. Haz lo que sea y repítelo a ti mismo.

Entrénate hasta que su identidad pase del placer al dolor. Cuando en tu mente, tu corazón, tu alma, todo lo que posees lo veas como dolor, te prometo que ya no querrás caminar en ese rumbo. Porque entonces te habrás dado cuenta de la diferencia en tu vida y lo que tenías cuando ese dolor disfrazado estaba presente. Cambia su identidad. Esto no solo se aplica a las relaciones. Puedes aplicar esto a cualquier cosa a la que te hayas vuelto adicto. Siempre recuerda que todo comienza contigo.

~"El logro es lo más grande en la vida y no estoy de acuerdo. El intento de tratar de lograr cualquier cosa es realmente genial"

No es tu imaginación, algunas personas solo quieren usarte.

He tenido muchas experiencias con quienes a veces hemos llamado verdaderos amigos. Algunos de nosotros debemos entender que algunas personas no vienen a tu vida para amarte o quedarse. Vienen a tu vida para usarte. No vienen a traer a tu vida, vienen a quitarle.

No te ven como una persona, te ven como una oportunidad. He estado allí. Estos son los tipos de personas que no te quieren por ti. Te aman por lo que pueden quitarte. No son leales. Son leales al beneficio que viene contigo. Es por eso que nunca aparecen en tus eventos, sin importarles cuantas veces tú te presentaste en los de ellos. Es por eso que nunca te ofrecieron ayuda, sin importar cuántas veces tú ofreciste ayudarlos.

Creo que es hora de que dejes de romperte la espalda por las personas que no tienen la tuya. He decidido y me niego a que me utilicen. Deja de recibir golpes por personas que no lo harán por ti. Deja de tener personas en su bote que no estén remando contigo. Deja de estar ahí para las personas que siempre se desaparecen. Odio decir esto, pero son hechos. Si no están apoyando, entonces no deberían ser importantes. ¡Piénsalo! El hecho de que alguien esté en tu vida no significa que quiera lo mejor para tu vida. Déjame hacerte esta pregunta. Si tu talento no estuviera ahí, ¿seguirían ahí?

Si todo lo que tuvieras que ofrecer fuera amistad, ¿seguirían a tu lado? Sé que quieres su apoyo; Lo entiendo. Pero comprende que no necesitas su apoyo. Sé que duele cuando descubres que los que más amas a veces te apoyarán menos. Duele descubrir que aquellos por los que más hiciste ni siquiera harán lo mínimo por ti. Pero no permitas que su falta de apoyo cree una falta de fe. Sal y rodea a aquellas personas que aprecian su talento, no solo quieren usarlo para ello. Acércate a personas que quieran ayudarte a mejorar tu vida, no solo usarte para elevar la de ellos.

Entiendo, mirarás a tu alrededor y dirás, entonces, ¿quién está ahí para apoyarme? Hay todo un mundo esperando para apoyarte. No dejes que los que no te apoyan te impidan ver eso.

No voy a endulzar nada; Intento ser tan clara como el agua. Cuando finalmente elimines a estas personas de tu vida, porque lo harás, van a intentar pintar una imagen para el mundo de que estás equivocado cuando ellos fueron los que la hicieron mal. Debes comprender esto y nunca olvidarlo. Nunca te sientas culpable por cortar a alguien cuando te entregó las tijeras. No olvides, si quieres que suceda, todo comienza contigo.

~"El engaño te enseña que las personas no siempre son lo que dicen ser. Aunque a veces duele, aprendes que no todos merecen un lugar en nuestras vidas".   #Mantén tus ojos abiertos

Lo único que debes dejar en la vida

La vida no se trata de perfección, se trata de progresión. El hecho de que cometas un error no significa que seas un error. Las personas que nos juzgan también tienen imperfecciones, simplemente ocultan bien las suyas. Deja de permitir que las redes sociales te hagan ocultar quién eres en realidad por estar tratando de ser algo que no quieres-solo para complacer a las personas que de todos modos se preocupan menos por ti. Créame, soy el ejemplo perfecto de un error al caminante.

Deja de aceptar menos. La vida es demasiado corta para asentarse. La vida es demasiado corta para aceptar lo que sea. No bajes tus estándares para llegar al nivel de otra persona. Si alguien quiere estar realmente en tu vida, elevará sus estándares para alcanzarlo en la tuya.

Deja de humillarte para que la gente se sienta cómoda. No hay nada de malo en conocer tu valor o proteger tu vida. No hay nada de malo en proteger tu corazón. Solo las personas que quieran usarte te harán pensar diferente.

Deja de medir tu vida. Deja de pensar que no eres suficiente porque tu vida no se suma a lo que el mundo quiere que seas.

Deja de comparar tu vida. ¡Es tu vida! Deja de comparar tu viaje con el de otra persona. No permitas que la sociedad te ponga estas etiquetas. Deja de pensar que tienes que lucir de cierta manera para ser bella. Siendo realistas, eres hermosa por lo que eres. Deja de pensar que tienes que tener este cierto número de seguidores o esta cierta cantidad de billetes de dólar en tu cuenta bancaria para tener éxito. Siendo realistas, tienes éxito si quieres. ¡Eres genial por lo que eres! Cuando hagas esto, te puedo asegurar que vas a apreciar quién eres.

~ Hagamos lo siguiente

De hecho, aprendí esto de alguien que también me motiva mucho y me gustaría recompensarlo. Toma una regla o cinta métrica. El punto es agarrar un objeto que mida. Esto representará a la sociedad. Ahora, córtalo. O romperlo con las manos. ¡Quiero que dejes de medir tu vida y empieces a apreciarla! Vas a guardar esta cinta métrica donde puedas verla todos los días para que te recuerde que eres más que suficiente.

Lo que necesitas para alcanzar el éxito

Éxito...

Empezaré por decirles que me dan convulsiones. No puedo conducir. Tuve cáncer de cuello uterino. También tengo algo llamado aleteo auricular que es; un ritmo cardíaco anormal causado por una arritmia cardíaca que puede hacer que su corazón lata con un patrón irregular. Sí, afecta el corazón. Tengo una grabadora de bucle insertada cerca de mi corazón que le da acceso al hospital para monitorear mi corazón en todo momento. Me desmayo al azar. He tenido tres derrames celebrares y todavía tengo un déficit en el lado izquierdo aunque lo controlo bien. Me colocaron en un centro de rehabilitación donde recibí terapia. Solo pude quedarme el tiempo que cubría mi seguro. Cuando el seguro ya no pudo cubrir la terapia en el centro, me sugirieron que fuera a terapia ambulatoria. ¿Adivina qué? Los médicos no pudieron encontrar un centro ambulatorio que aceptara mi seguro. Esperé y esperé. Pasó el tiempo; Me estaba quedando sin suerte. No se encontraron centros que aceptaran mi seguro.

Mientras atravesaba este pequeño obstáculo, siempre mantuve una sonrisa en mi rostro. Ninguna de estas cosas me enfrentó. ¿Sabes por qué? Tenía una meta. Si no tienes una visión de hacia dónde te diriges. Si no tienes un objetivo a dónde ir, vas a la deriva y nunca terminas en ningún lado. El setenta y cuatro por ciento de la gente odia su trabajo en Estados Unidos. A la mayoría de las personas no les gusta lo que están haciendo. No lo hacen porque tenían una meta y la siguieron. Simplemente deambulan sin rumbo fijo y buscan vacantes de trabajo para conseguir el trabajo solo porque necesitan trabajar. Solo una cuarta parte de la gente disfruta realmente de lo que hace en la vida.

Mis médicos me preguntan, "¿cómo es que después de todo lo que has pasado y todavía sigues pasando, siempre tienes una sonrisa en la cara? Hay otros por ahí con tu misma condición, pero aún se ven tan amargados en la cara. ¿Por qué es eso?" Mi respuesta es simple, "estoy disparando a un gol." Cada terapia que tomo me acerca a lograr ese objetivo. Voy a tomar este objetivo, esta visión, y convertirlo en realidad.

Hoy en día voy al gimnasio a diario y continúo dándome terapia. Cada serie que hago, cada repetición de peso que levanto, me acercará un paso más a convertir este objetivo en una realidad. No podía esperar a que el seguro me llamara. No podía esperar a que los médicos encontraran algo para mí. Recordé lo que tenía que hacer. Recordé todo lo que aprendí en el centro de rehabilitación y lo puse a trabajar. Mi seguro no me iba a detener, así que decidí que yo misma iba a ser mi propio nuevo centro de rehabilitación.

Visualizar tu objetivo y perseguirlo lo hace divertido. Tienes que tener un propósito sin importar lo que hagas en la vida. Trabajé como loca. Nunca paré y no paré. No hay una pastilla mágica. No hay magia ahí fuera. No puedes evitarlo, no puedes comprarlo en la tienda. Tienes que trabajar y trabajar duro. Si es difícil, pero hay que trabajar.

Me vuelve loca cuando la gente dice que no tiene suficiente tiempo. ¿No tienen suficiente tiempo para mejorar su vida? ¡Ya sea si mejora físicamente o mejora mentalmente! Imagínese leyendo una hora al día sobre historia. ¿Cuánto aprenderías después de trescientas sesenta y cinco días en un año?

Imagínate estudiar la historia de los músicos o compositores. ¿Cuánto sabrías? Imagínate si trabajaras en un negocio que quisieras desarrollar todos los días durante una hora. Imagínate qué tan lejos llegarías.

Hay veinticuatro horas en un día. Dormimos unas seis horas al día, por lo que todavía tenemos dieciocho horas. Si alguien está pensando, "yo duermo ocho horas o más" ¡Entonces, duerme más rápido! Con dieciocho horas al día, la mayoría de las personas trabajan de ocho a diez horas. Supongamos que son diez horas. Nos quedan ocho horas. Si estás transitando durante una hora al día o tal vez dos horas al día, todavía le quedan seis horas. ¿Qué haces con las seis horas? Tal vez comas un poquito. Hablas un poco con la gente. O tal vez te acaricias un poquito con tu amado/a. Puedes ver cuánto tiempo tienes disponible si organizas tu día. Tienes que trabajar duro.

A mí en lo personal no me gustan los planes B. Tenemos tantos escépticos que para mí son los negativos. Los que solo saben decir no. Si no tuviéramos tantas de esas personas que dicen que no, y no puedes hacerlo, ¡es imposible! Y no me malinterpretes, está bien que pase porque somos humanos y simplemente nos apagamos.

Lo único que tienes que recordar hacer es convertir tu No en un Sí. No puedes hacerlo significa que puedes hacerlo. Y sí, es posible hacer eso entre todas las personas negativas que te rodean. Cuando empiezas a dudar de ti mismo, es peligroso. Ahora, lo que básicamente estás diciendo es que si mi plan no funciona, tengo un plan alternativo. Tengo el plan B. Ahora empiezas a pensar en el plan B, lo que significa que cada pensamiento que pones en el plan B se está retirando de esos pensamientos y energía que pones en el plan A. Es importante que comprendas que funcionamos mejor si no hay una red de seguridad. El plan B se convierte en una red de seguridad y dice que si fallo, me caigo y me vuelven a levantar porque tengo algo más ahí que me protegerá. Eso no es bueno, la gente se desempeña mejor cuando no hay una red de seguridad. Incluso en el deporte la gente rinde mejor y todo cuando no hay un plan B.

Yo nunca tuve un plan B. Todo lo que hice fue comprometerme por completo para alcanzar ese objetivo. Voy a ser una mujer destacada sin importar lo que cueste. Yo haré el trabajo. Comencé mi proceso de curación, me puse a trabajar y comencé a entrenarme una y otra vez hasta que lo logré. Para mí es muy peligroso tener un plan B porque te estás aislando de la posibilidad de tener éxito de verdad. Otra razón por la que a las personas les gusta tener un plan B es porque les preocupa fallar. ¿Qué pasa si fallo? Entonces no tendré nada más. Déjame decirte, no tengas miedo de fallar porque no hay nada de malo si fallas. Tienes que fallar para subir la escalera. No hay nadie que no falle. No es posible. Está bien fallar. Lo que no está bien es caerse y quedarse en el piso. Quien se queda abajo es un perdedor. Los ganadores cuando fallan se levantan. Falla y levántate, luego vuelve a fallar y levántate de nuevo. Levántate siempre. Eso es un ganador.

Todos perdemos. Todos hemos perdido y eso está bien. ¡No te preocupes por perder porque cuando tienes miedo de perder te quedas congelado! Te pones rígido. No estás relajado. Con el fin de desempeñarse bien en cualquier cosa, el clima si es en tu trabajo o incluso solo en tu pensamiento, solo sucederá cuando estés relajado. Así que relájate.

Hagamos todo lo posible y demos todo lo que tenemos, porque de eso se trata. No tengas miedo de fallar.

~ El fracaso es simplemente una oportunidad para empezar de nuevo, esta vez de forma más inteligente. No tenga miedo de fallar porque solo a través del fracaso se aprende a tener éxito. Arriésgate y comete errores. Así es como creces. El dolor nutre tu coraje. Tienes que fallar para practicar la valentía. Sigue intentándolo. Sigue luchando. ¡Cree en ti mismo!

~Terapias en Sesiones

Esa gente no se preocupa por ti

Tengo una pregunta para ti. ¿Por qué nos preocupamos tanto por las personas que no se preocupan por nosotros?

¿Por qué nos preocupamos tanto por las personas que ni siquiera nos conocen? Estas personas que no estarán allí en los tiempos difíciles. Que no estarán allí en nuestras luchas.

¿Por qué nos preocupan estas personas que ni siquiera te llaman ni te preguntan cómo estás?

¿Por qué nos importa lo que piensan?

¿Por qué vivimos nuestra vida para ser validados tanto por extraños?

¿Por qué dejamos que las personas o incluso las redes sociales dicten cómo nos sentimos con nosotros mismos?

Nuestra autoestima o valor depende de si les gusta o no. Sobre qué comentan. Lo que ellos dicen.

¿A quién le importa?

Esa gente no estará allí cuando los tiempos se pongan difíciles. Ni siquiera les agradas. ¡A la mitad de ellos no! Si esas personas no se preocupan por ti, ¿por qué le das valor a lo que piensan? ¿Por qué estás viviendo una vida para impresionarlos? Pintando la imagen perfecta o buscando el filtro perfecto. Haciendo cosas obvias para impresionarlos.

¡¿Por qué?!

Necesitas dar valor a las personas que te han amado en tu peor momento. Esas son las personas que merecen estar allí cuando estés en tu mejor momento. No estas otras personas que simplemente aman el falso tú. Que simplemente aman el perfecto tú. Estas personas que solo están esperando que arruines lo que haces para poder separarte. Para que puedan exponer todos tus defectos, pero aun así, vivimos para estas personas.

¿Por qué?

Tal vez sea el momento de cerrar la sesión para buscar validación a través de las redes sociales e iniciar sesión para enfocarte en las personas que realmente valoran quién eres. Tengo muchísimos seguidores y les garantizo que hay muy pocos que realmente se preocupan por mí. Es raro que reciba una llamada de alguien solo para saber cómo estoy. Es raro que reciba una llamada de alguien que me diga ¿hay algo que pueda hacer por ti?

Sin embargo, ¡lo entiendo! Es la vida que vivo, así que la entiendo. Pero entiendo dónde está realmente mi enfoque y apoyo. No les cuento todo sobre mi vida. Es mi vida personal. No tengo que compartir todos los pensamientos. No tengo que compartir todos los problemas. No tengo que compartir todas las situaciones. No tengo que dejar que nadie entre en mi vida excepto las personas que merecen estar allí.

Tú proteges tu hogar. No dejas a desconocidos entrar a tu casa para que te la estropeen porque sabes que no les importa. ¿Entonces, cuál es la diferencia con tu vida? No dejes que la gente se entere de todo lo que estás haciendo. No tienes que compartir todo lo que haces en tu vida con nadie. Guarda algunas cosas para ti. No tienes que compartir que estás teniendo problemas en tu relación con el mundo. Trabaja en mejorar la situación mejor en lugar de compartirlo. Actualiza tus problemas a Dios y no a las personas.

¿Encontrando validación en ellos? ¿En personas a las que no les importa? ¿Por qué? Ya has sido validado. Lo que dicen, lo que les gusta o lo que comentan, son las cosas que te hacen sentir especial. Esas no son las cosas que son especiales sobre ti. Ya sabes quién eres. No dejes que la gente te haga sentir diferente. ¡Tú eres tú!

~"¡Ignorar las banderas rojas porque quieres ver lo bueno en las personas te costará más tarde!"

Prepárate para actuar

No esperes a estar listo. Salta sobre él y actúa. Nunca te
reprimas planificando cada detalle. Empieza por tomar
medidas, ya que te gusta planificar cada pequeño detalle de
lo que estás haciendo. Una vez que tomes medidas,
planifica el resto. Permítete realizar acciones imperfectas.
Te desafío a crear una línea de tiempo y ver qué sucede. Es
simple. Piensa menos y actúa más rápido.

¿Has estado esperando el momento perfecto para
comenzar algo? Sé que tienes esa gran idea o proyecto en
el fondo de tu mente que has estado posponiendo durante
los últimos días, semanas, meses o tal vez incluso años.
Odio decírtelo, pero no existe el momento perfecto. Muchos
de nosotros esperamos hasta el momento perfecto para
actuar. Nos abstenemos de actuar sobre las cosas en las
que pensamos una y otra vez.

La cuestión es que solo estamos perdiendo el tiempo si
pensamos en hacer cosas en lugar de hacerlo realmente.
Solo tienes mucho tiempo y energía de sobra, y
definitivamente no quiero que lo desperdicies todo en
pensar en lugar de hacer. Como alguien a quien le encanta
estar en mi zona de confort, entiendo que es ridículamente
aterrador correr riesgos. Pero mereces hacer las cosas que
quieres hacer.

Hoy, hablemos de tomar medidas antes de que esté listo.
Voy a compartir cómo di el salto al trabajo por cuenta propia
antes de estar listo, y también cómo puedes dejar de
reprimirte y tomar medidas imperfectas. ¡Espero que estas

palabras te den una patada en el trasero para comenzar lo que has estado posponiendo!

~"Lo más difícil es tomar la decisión de actuar, el resto es pura tenacidad."

Estar preparado es un mito

Sé lo fácil que es quedar atrapado en tus propios pensamientos en lugar de actuar sobre ellos. Es fácil repetir los mismos pensamientos sobre si debes hacer algo o no porque no estás seguro de cómo va a funcionar. Con cualquiera de las decisiones importantes que he tomado en mi vida, nunca me he sentido realmente preparada para tomar ninguna de ellas. Quiero decir, ¿cuándo nos sentimos completamente preparados para hacer algo? Si se siente listo, probablemente haya esperado demasiado para comenzar.

Creo que es una tontería convencernos a nosotros mismos de que deberíamos sentirnos preparados antes de hacer cualquier cosa. Esto solo nos impide tomar medidas. En cambio, debemos estar de acuerdo con el concepto de tomar una acción imperfecta y averiguar los detalles después. Siempre escucho, "No me siento preparado para esta carrera". La verdad es que nadie está preparado para una carrera. Nadie está realmente listo para nada en la vida, incluso cuando creemos que lo estamos. Un nuevo trabajo, un nuevo bebé, una muerte, un matrimonio o perder la virginidad. Pero los hacemos de todos modos. Algunos con más entusiasmo que otros.

La línea de listo es como una asíntota que nunca alcanzarás realmente. Tan pronto creas que está cerca, inmediatamente pensarás en alguna forma en que podrías mejorar. Te darás cuenta de lo lejos que has llegado en tu carrera y que a partir de ahora puedes aprovechar esto-y estar aún más preparado para esta misma carrera el próximo año. Puedes estar un poco más cerca o más lejos que otra persona, pero también puede estar menos en forma y estar más listo en menos tiempo con un entrenamiento inteligente, nutrición y descanso. Entonces, si todos llegamos al mismo punto de preparación, cerca de la asíntota de estar realmente listo, ¿qué es lo que separa al finalista superior del resto? Ese espacio entre estar listo y lo que realmente estamos, es mental.

~*"De los diferentes deseos, a menudo surge el dolor más mortal"*

Toma acciones imperfectas

La gente siempre me pregunta cómo supe que estaba lista para tomar mi blog a tiempo completo y convertirme en mi propia jefa. La respuesta es que no lo estaba. Mi plan original era obtener antigüedad en mi trabajo de tiempo completo en el hospital en el que de hecho me encantaba trabajar, pero las cosas no salieron exactamente como estaba planeado. Entro al trabajo el veinticuatro de septiembre y mi jefa me llama y me dice que tenemos que hablar. Mi jefa me dijo que me amaba pero que por mucho que no quería que me fuera (no tenía más remedio que dejarme ir); Dijo que era una gran empleada pero que mis problemas de salud estaban interfiriendo con mi puesto.

Entré en modo de pánico por lo que iba a hacer. No me sentía preparada para dar ese paso en lo más mínimo. En ese momento, mis opciones eran hacer que el trabajo por cuenta propia funcionara o tratar de encontrar otro trabajo. Definitivamente no quería otro trabajo de 9-5. Se me ocurrió un nuevo plan de acción. Me daría un período de prueba de tres meses para hacer que el trabajo por cuenta propia funcione. No sabía qué iba a hacer en esos tres meses, pero decidí que este sería mi período de prueba. Durante esos tres meses, comencé a ofrecer servicios de orador de vida. Tampoco me sentía preparada para hacer eso porque todavía estaba en medio de mi programa de posgrado para graduarme.

Independientemente, le dije al mundo que pronto estaría entrenando. De alguna manera, las estrellas se alinearon y reservé mi primer cliente en la ciudad de Nueva York. No solo reservé a mi primer cliente, sino que tuve la oportunidad de expandir mis horizontes viajando. Desde ese momento, he estado averiguando los detalles a lo largo del camino. He tenido altibajos, pero todavía lo hago funcionar. Si no hubiera tenido ese impulso para tomar medidas cuando no estaba lista, no estaría donde estoy ahora. La verdad es que las cosas suelen encajar si les das la oportunidad.

~"La tragedia es una herramienta para que los vivos adquieran sabiduría, no una guía para vivir".

Aprovecha la oportunidad

Aproveche la oportunidad cuando se le ofrezca. Las grandes oportunidades no surgen todos los días. Arriésgate, recuerda que no es quién eres lo que te detiene, ¡es quién crees que no eres! Abre tus ojos. Ponte en alerta. Lo único que debes hacer es aprender a reconocerlos. Muchas de las oportunidades que se brinda la vida son obvias. Pero muchas otras están ocultas. Tu éxito no depende de tus habilidades, depende de tu determinación de aprovechar la oportunidad que se te presenta. Entonces, ¿qué estás esperando?

No tienes porque no pides. Deja de limitar lo que le pediste a Dios porque lo estás basando en tu situación actual. No restrinjas tus bendiciones de Dios solo porque no sabes cómo pedir. Muchos de ustedes están dispuestos a quedarse con alguien que traicionó su confianza. Estaba tan aterrorizada que estaba dispuesta a aceptar que me trataran menos de lo que soy. Sé que no estoy sola en esto porque nos hemos convencido de que ser irrespetada/o es mejor que estar sola/o. Pero tienes el poder. Hay poder en redescubrir tu propia voz.

¿Alguna vez se enteró de una oportunidad increíble (por ejemplo, la oportunidad de ser el jefe de su departamento), solo para darse cuenta de que está aterrorizado de intentarlo? He estado en todos estos escenarios de riesgo, así que sé lo intimidante que puede ser. Asumir riesgos no garantiza que obtendrás el resultado deseado. Sin embargo, hay algunas cosas que puedes hacer para optimizar tus posibilidades de éxito cuando se te presente una oportunidad.

Se necesita tiempo para adquirir experiencia. Para ser precisos, se necesitan unas diez mil horas de práctica para convertirse en un verdadero experto. Esta no es una pequeña inversión de su energía vital. Como tal, vale la pena dedicar tiempo a pensar en el tipo de oportunidades para las que desea prepararse.

Si eres un defensor, ¿qué quieres decirles a esos senadores? Empiece a decirlo ahora, incluso si al principio está hablando con una habitación vacía. Si eres un patinador artístico, ¿qué elementos quieres en tu programa olímpico? Empiece a practicar esos elementos todos los días.

Una vez que haya invertido seriamente, y haya decidido qué tipo de oportunidad está buscando-mantenga los ojos abiertos. La oportunidad tiene una forma extraña de aparecer una vez que se ha preparado. Dicha oportunidad puede ser inesperada (las mejores lo son). Pero si has invertido el tiempo de antemano, puedes aprovechar la oportunidad cuando se presente. Sin embargo, también es esencial. Puedes optar por ver un error como un motivo de esperanza. Una oportunidad para crecer. Los mejores patinadores se caen y siguen con una sonrisa. Tienen la capacidad de considerar la perspectiva de la audiencia.

Es difícil sonreír justo después de haber cometido un error, pero piénsalo de esta manera: ¿Hay algo que le guste más al público que un buen regreso? "Nuestros mejores días a menudo comienzan como nuestros peores días. Y nuestra mayor oportunidad a menudo se disfraza como nuestros mayores problemas". Entonces, ¿te atreves? ¿Quién está conmigo? APROVECHEMOS LA OPORTUNIDAD.

~"Cuando no entiendas lo que está sucediendo en tu vida, lo único que debes de hacer es cerrar los ojos, respirar profundamente y decir Dios sé que esto es parte de tu plan, solo ayúdame a superarlo. Dios entonces te dará alas y no porque hayas muerto, ¡sino para que las uses y demuestres que estás vivo/a! Solo toma un día a la vez y no olvides que, después de todo, es el mañana que se preocupaba por el ayer. No ore por una carga más liviana, en su lugar ore por una espalda más fuerte. Dios tiene una razón para permitir todo lo que te sucede. Puede que nunca entendamos su sabiduría, ¡pero simplemente tenemos que confiar en su voluntad! Cree." ¡Ten Fe!

Quédate solo/a

Pasar un tiempo a solas significa poder conocerte un poco más. Date algo de tiempo. No se ignore a sí mismo para dejar de conformarse con menos. Recuerda que vas a cometer errores. Tu vida no es perfecta y nunca lo será. Continúa dándolo todo de todos modos. Nunca dejes que nada se interponga en tu camino para lograr tus metas y tu verdadera felicidad.

La mayoría de los adultos estadounidenses han pasado una cantidad de tiempo no trivial sin estar atados a otras personas. Casi todo el mundo ha pasado al menos algunos años siendo soltero o socialmente "solo", a menudo debido a la reubicación o al empezar de nuevo en un lugar nuevo.

Mientras que algunas personas disfrutan mucho de estos años más independientes, para otras, la ausencia de un entorno social estable es una lucha emocional. Si estás teniendo dificultades para sentirte feliz por tu cuenta, pruebe las estrategias que se enumeran a continuación. Todos tienen beneficios cognitivos, ¡y ninguno incluye ir a citas!

1. Súmese emocionalmente a su soledad.
   La soledad, en sí misma, es una experiencia neutral. Puede convertirse en una experiencia positiva ("soledad" o "privacidad") si la has aceptado y te sientes en control de ella. Puede ser una experiencia negativa ("soledad" o "aislamiento") si crees que significa que hay algo mal en ti.

   El primer paso para ser feliz solo es aceptar el hecho de que estás solo. No significa que te haya pasado algo. No significa que seas desagradable o digno de ser amado. Simplemente significa que, por ahora, las relaciones no serán el centro de tu mundo... y eso está bien.

2. Desarrolle una relación con usted mismo.

Es un error pensar que solo puedes tener una relación significativa con otra persona. El viejo adagio de que "la relación más importante que jamás tendrás es contigo mismo" nunca sonará más cierto que cuando te encuentres en un punto de soledad.

Para fortalecer su relación con usted mismo, haga un esfuerzo por conocerse mejor. Pregúntese: ¿Qué valoro realmente en la vida?

¿De qué necesito más? ¿Qué necesito terminar? ¿Qué sigue para mí?

Una vez que sepa las respuestas a estas preguntas, puede comenzar a brindarse el apoyo emocional y el estímulo necesarios para perseguir sus metas recién identificadas.

3. Deja correr tus pasiones.

Cuando estás en una relación comprometida o constantemente rodeado de mucha gente, puedes notar que tu lista de "pasiones" comienza a ajustarse a lo que disfrutan los que te rodean. Por ejemplo, si a su novio le encanta el vino, es posible que de repente se sienta más apasionado por el vino de lo que sería de otra manera.

Esto no es nada malo, el tiempo para usted mismo crea una oportunidad para explorar algunas de sus pasiones menos convencionales (o menos "impresionantes"). ¿Quieres darte un atracón con todos los libros de Harry Potter? ¡Hazlo! ¿Quieres probar todos los lugares de sushi del estado? ¿Por qué no? ¡Este es el momento de hacerlo! Estás vivo.

4. Haz planes contigo mismo.
    Una de las cosas más difíciles de estar solo es la ausencia de eventos regulares que uno usualmente espera. Cuando estás en una relación, es fácil planificar una cita nocturna regular. Cuando tienes un círculo de amigos fuerte, es fácil organizar un almuerzo periódico el sábado o domingo. Cuando estás solo, es más difícil establecer este tipo de rutinas.

    Para contrarrestar la tristeza de "no tener planes", elija algunas cosas que le gusten hacer y luego incorpórelas a su día de una manera predecible. Por ejemplo, camine a su cafetería favorita todas las mañanas y tome un baño caliente todas las noches. Al crear sus propias rutinas, introducirá ese sentimiento de "Espero con ansias" en su vida.

5. Obtenga afecto físico donde pueda.

    La neurociencia ha demostrado que el contacto físico es extremadamente importante para la felicidad y el bienestar. Por razones obvias, esta área de la vida puede volverse muy escasa cuando estás solo. Para evitar los efectos negativos de la soledad física, preste especial atención a incorporar el afecto físico en su vida siempre que pueda. Una forma de hacerlo es a través de abrazos. Si te encuentras incluso con un conocido casual, asegúrate de terminar el encuentro con un abrazo largo y agradable. Al instante obtendrá una ráfaga de sustancias químicas felices en el cerebro.

6. Siéntete orgulloso/a.

Una de las maravillas de estar solo es que puedes vivir según tus propios estándares. Cuando no estás en deuda con otras personas, es más fácil dejar de vivir según las expectativas de otras personas sobre lo que deberías estar haciendo. Esto crea una oportunidad para tener claro lo que realmente quieres tú y tu corazón. ¿Qué esperas de ti mismo?

Saber lo que esperas de ti mismo te permite comenzar a poner en práctica estas expectativas. Con un poco de esfuerzo, puedes cumplir con tus propias expectativas y sentirte orgulloso.

Y cuando te encuentres socialmente solo, utiliza estas estrategias para comenzar a ver tu situación como una oportunidad. Es el momento de crecer y convertirte en la persona que realmente quieres ser. La verdad es que no estarás solo para siempre. Y cuando comiences a reconectarte con la gente, apreciarás los recuerdos de tu tiempo a solas.

~"Haz lo que creas que sea correcto para ti, roba un beso, ríe, llora, busca compañía, o quédate sola o que se yo, pero hazlo y veras como el mundo encaja perfectamente para ti."

El mundo como introvertido

Parece que hoy, al menos en los EE. UU., Debe haber algo mal contigo si estás solo. Elogiamos a los extrovertidos, a los que saben manejarse entre la multitud, a los que tienen una amplia red de amigos. Creemos que trabajar en grupos y en equipo es la única forma de encontrar la respuesta a un problema. Que dos cabezas son mejor que una. Esa colaboración es el único camino hacia el futuro. Pero la verdad es que casi la mitad del mundo no está de acuerdo. A veces, la retórica se vuelve tan fuerte que me pregunto qué me pasa cuando no tengo ganas de ir a fiestas, trabajar en equipos grandes o ser el centro de atención.

Ves a tus amigos salir y te preguntas qué te pasa porque quieres quedarte en casa. Los ves colaborando en la planificación del viaje juntos y te preguntas si hay algo mal contigo porque prefieres quedarte solo. Pero no te pasa nada. Eres introvertido. Y, según algunas estadísticas, hay un 50% de probabilidades de que todos lo estemos también. Si eres introvertido, bienvenido al club. No vas a reuniones porque prefieres trabajar solo, pero al menos puedes consolarte sabiendo que no eres el único que se siente como tú.

Ser introvertido no significa que no te guste salir, tener amigos o ser el centro de atención de vez en cuando. Solo significa que no es donde obtienes el mayor valor de tu vida.

Estar "encendida" y en modo social es divertido para mí, pero otros solo pueden tomar cantidades limitadas. Hay personas que trabajan en equipo, pero no se les puede pedir que hagan una lluvia de ideas, no se les ocurrirá nada útil. Pero si los deja solos para pensar un rato, es posible que se sorprenda de lo que logran. Si quieres que tu amigo introvertido salga contigo y tus amigos, invítalos a un lugar tranquilo donde todos puedan hablar. No todo el mundo es igual y todos lo aceptamos.

Y si eres extrovertido como yo, no asumas que esto no tiene ningún valor para ti. De la misma manera que yo puedo divertirme en un grupo grande, es posible que descubra que también puede divertirme sola. Es muy valioso estar solo. Y manejarlo bien es algo más hermoso. Como mínimo, es una habilidad para la vida útil. No siempre puedes controlar cuándo habrá alguien allí para ti, por lo que ser capaz de comportarte felizmente solo es una parte importante de estar vivo.

~"Todo lo que nos irrita de otros nos llevan a un entendimiento e nosotros mismos."

El dolor es inevitable, pero el sufrimiento es opcional

"El dolor es inevitable, pero el sufrimiento es opcional". Estas palabras fueron dichas por Buda después de años de aprendizaje y meditación. Se preguntaba si el sufrimiento es realmente algo que podemos elegir. La palabra sufrir proviene del verbo "suferre". Ferré significa llevar o cargar. Tanto el sufrimiento como el dolor son parte de la vida. Aunque a veces sufrimos innecesariamente, sufrimos a causa de nuestra imaginación y miedo. Imaginamos cosas que no suceden.

El origen del dolor emocional consta de cuatro cosas:

- Cambio inesperado
- Temor
- Decepción
- Aceptar la realidad

Te dejo con los siguientes consejos para que dejes de lado el sufrimiento.

1. Aprenda a manejar el dolor a medida que nos permite crecer.

2. Acepte que lo único constante en la vida es el cambio.

3. Prepárese para un mar de cambios durante su vida.

4. No confunda lo posible con lo probable. Gracias al dolor podemos prever y evitar futuras complicaciones.

5. No anticipe lo que aún no ha sucedido.

El dolor es inevitable, pero el sufrimiento es opcional.

~"El único antídoto para el sufrimiento mental es el dolor físico."

Invierte en ti mismo

Antes de invertir en una empresa y querer desarrollar un proyecto, recuerda la siguiente frase de Tom Schreiter: "Invierte primero en ti mismo, a menos que seas una mala inversión". Al invertir en ti mismo, será el mejor negocio que harás en tu vida.

Para desarrollar tu negocio, primero necesitas desarrollar tus habilidades. La forma más segura de lograr una mejor calidad de vida es siendo más productivo y desarrollando tus metas. Lograr tus objetivos es reservar una parte de tus ingresos para el desarrollo personal y profesional.

Esto te dará los siguientes beneficios:

- Aumenta la confianza y la autoestima para que tengas una mejor calidad de vida.
- Invertir en ti mismo no tiene ningún riesgo. Puedo decirte que no tienes nada que perder. Todo lo que aprendes, todo lo que haces mal y todo lo que te sucede es ganancia, por lo que es la única inversión que no tiene riesgos. Le aseguro que el banco no puede ofrecerle un mejor trato.
- Todo lo que aprendes está en ti y puedes usarlo en cualquier momento.Tendrás mayores beneficios económicos. Según Benjamín Franklin, si vacía su bolsillo en su mente, su mente llenará su bolsillo.

¿Que estas esperando? No tienes nada que perder. ¡Tú puedes!

~"La mejor inversión que puedes hacer, es en uno mismo. Entre
más aprendas, más vas a ganar."

No seas tonto/a

La gente necesita entender. No se puede competir donde no se compara. No se puede poner celosa a una persona a la que le importas una mierda. No puedes hablar de nadie cuando no tienes tus cosas juntas. Solo te haces parecer tonto cuando intentas hacer que alguien parezca estúpido. Sabes que estás desesperado cuando intentas dar vida a una situación muerta.

Si esperas que el mundo sea justo contigo porque eres justo, honestamente, te estás engañando. Es como esperar que el león no te coma porque tú no te lo comiste a él.

De repente, dejaron de hablarte. Siendo así, no tropieces. Dios a veces corta una infección para evitar que te dañen.

Las únicas personas a las que les debes tu lealtad son aquellas que nunca te hicieron cuestionar la suya. Quizás piensas que no eres nadie en este momento-pues, levántate y conquista tus metas y te aseguro que resultarás como ningún otro.

Si las personas que intentan empeorar este mundo no se toman el día libre, ¿cómo puedo yo? No huyas de tus cosas. Acéptalo y sé mejor.

Si no te gusta dónde estás, múdate. No eres un árbol.

Agradece a todas esas personas negativas en tu vida, ya que te mostrarán exactamente quién no quieres ser. Los verdaderos amigos te hablan mierda a la cara y dicen cosas bonitas a tus espaldas.

Cada vez que sales con alguien con un problema que debes esforzarte por ignorar, te estás conformando. Nunca te conformes. Nunca te expliques a nadie. No necesitas la aprobación de nadie. Vive tu vida y haz lo que te haga feliz. A veces, lo que realmente define a alguien es lo que no hará. A veces, las personas con el peor pasado crean el mejor futuro. No olvides que eres humano. Está bien tener un colapso, simplemente no desempaques y viva allí. Grítalo y luego vuelve a enfocarte hacia dónde te diriges.

Te hablo de mi pasado, y nunca es porque quiera que sientas lástima por mí, sino para que entiendas por qué soy quien soy.

Si no tienen la decencia común de respetar tu tiempo, esfuerzo o presencia, déjelos acostumbrarse a su ausencia. Es así de simple.

~*"Tener un buen corazón atrae a mendigos, mentirosos, usuarios, tomadores y desagradecidos."*
#TenCuidado

Amor incondicional

Los padres deben dejar de tener ciertas expectativas para sus hijos y dejarlos ser quienes son. Tú hijo o hija necesita tu amor incondicional. La mayoría de la gente ha perdido de vista exactamente lo que eso significa. Significa que nada de lo que haga un niño puede detener el amor. Por eso es incondicional.

Como padres debemos enseñar a nuestros hijos a crecer para ser honestos, responsables, inteligentes, amables, respetuosos, humildes, corteses, valientes, de mentes abiertas, independientes, amorosas y compasivas. Estas son las cualidades que deben importar. No si su hijo prefiere el ballet al fútbol o el hombre a la mujer. No si a su hija le gusta usar pantalones holgados en lugar de minifaldas. O si se siente atraída por otras mujeres o por un hombre blanco o negro. Criamos a nuestros hijos para que sean de cierta manera. El hecho de que no crezcan siguiendo todas nuestras reglas básicas no significa que hayas fallado como padre.

Simplemente significa que es la vida de su hijo, no la suya. Vienen a este mundo para elegir las cosas que les gustan y prefieren. Deja de darles la espalda o de sentirte avergonzado porque no siguen tus reglas, o no son lo que quieres que sean. Deja de tratarlos mal simplemente porque no son lo que eres. Enséñeles a ser buenas personas. Eso es lo que realmente necesita este mundo. Enséñeles lo que realmente importa. Ama a tus hijos incondicionalmente y apóyalos.

Yo soy yo, mi vida es mía y tú estás viviendo la tuya. No te critico aunque vivas lleno de defectos. Como hija lo único que me interesa es que mis padres sean felices a toda costa. Como madre, voy a marcar la diferencia.

Dales... tu amor incondicional.

~" ¡Odiar es para los flojitos, la gente fuerte amo, y aman un montón!"

Tu valor

Observa y descubre el valor que te das a ti mismo. No se trata de matemáticas, así que no te alarmes.

¿Cuál es el valor de esta factura?

Correcto, $ 20. Si doblo este billete por la mitad, ¿cuál es su valor ahora? ¿Medio?

No, todavía son $ 20. Correcto

Si agarro este billete y lo ahogo en un vaso de agua y después darle un puñetazo, ¿cuál sería su valor entonces? Sigue siendo lo mismo, ¿verdad?

¿Qué tal si me lo paso de mano en mano? Si empiezo a hablarle mal y empiezo a decirle cosas feas, por ejemplo; ¡No sirves para nada, eres tan feo e inútil!

¿Cuál es el valor ahora?

Todavía son $ 20, ¿verdad?

¿Qué tal si escupo sobre él, cuál es su valor ahora? ¿Lo mismo?

Entonces, ¿me estás diciendo que este billete que ya golpeamos, ahogamos e incluso escupimos todavía tiene el mismo valor ahora?

¡WoW! todavía vale $ 20.

Si se dio cuenta, el valor del billete nunca cambió, no importando lo que le hice. A pesar de que lo insultamos, le escupimos, lo golpeamos e incluso lo sumergimos en agua, su valor nunca cambió. Escribo sobre esto porque esta es una lección que todos debemos aplicar a nuestras vidas. Somos como un billete. Con un valor alto, y no podemos permitir que una situación o circunstancia nos defina y nos haga sentir que no valemos nada.

¡Ni un miembro de la familia, ni su jefe en el trabajo, ni nadie! Nunca te sientas inútil. Ni siquiera porque alguien te llame tonto o diga que no eres lo suficientemente inteligente. Nada ni nadie puede decirte que eres inútil o menos de lo que realmente eres.

Eres como este billete. Recuérdalo. No importa lo que hagan o digan, siempre tendrás tu valor. Pasarás por situaciones que sin duda te afectarán, por supuesto. Y será difícil salir de tus luchas. Pero debes saber que eso significa que estás vivo. Tienes vida. Sigue luchando por tus sueños y metas en esta vida. No estamos en este mundo solo para sobrevivir.

Es sorprendente cómo la gente deja que otras personas decidan cuál es su valor. La próxima vez que te sientas inútil, recuerda este billete de $ 20. Recuerda que tú, como este billete, ya tienes asignado tu valor. Aunque te digan que no vales nada. Que no estás preparado. Que necesitas más, o que hay alguien mejor que tú. Que tal vez eres demasiado bonita o demasiado fea.

Todavía vales lo mismo. Tus situaciones y circunstancias no te definirán. ¿Sabes qué te definirá? La actitud que vas a tomar para agarrar las riendas de tu vida y darle un giro a esa situación. Te invito a que uses esto como inspiración para que comiences a crear un cambio cada vez que te sientas mal.

No voy a mentir; la vida te golpea duro. No te voy a decir que no te va a doler cuando te griten cosas feas. Cuando te hablan mal o cuando te maltraten. Sé que te va a doler y mucho. ¿Pero adivina qué? Cuando te levantes seguro que no vas a cometer el mismo error dos veces. No solo eso, luego seguirás preparándote para lo que vendrá. Vales demasiado para permitir que nadie defina cuál es tu propio valor. Venimos a este mundo para crear cosas increíbles.

Como dicen, a veces el dinero es solo un medio para ayudarlo a vivir. El dinero no compra la felicidad, ¡pero es una gran ayuda!

Eres como este proyecto de ley. No estoy diciendo que valgas 20 dólares. La moraleja de este mensaje es que vales oro digan lo que digan.

~"Obtén fuerza, coraje y confianza con cada experiencia en la que realmente te detienes a mirar el miedo a la cara. Debes hacer lo que crees que no puedes hacer".

Seis trucos psicológicos para ser atractivo sin ser bonito

No voy a hablar de moda. Te voy a enseñar por qué ser atractivo no tiene nada que ver con tener una cara bonita o tener el mejor cuerpo del mundo. Por supuesto que hay personas que tienen ambas cosas y les va bien en el amor. ¡Qué bueno! Pero te hago una pregunta, ¿por casualidad tienes un amigo que sea muy simpático, muy respetuoso y algo atractivo? Esa persona con la que todos quieren estar. Tal vez no sea la persona más agradable físicamente, pero esa persona tiene algo que te hace amarla. Este tipo de personas tienen personalidad y acaban despertando la curiosidad de querer conocerlas. Son más atractivos. Al final del día, tener una gran personalidad habla de tener confianza en uno mismo. Cuando sabes quién eres y qué quieres, atraes a más personas. La atracción no es física, la atracción es mental. Cuidado, no hay una respuesta correcta, a todos nos gustan las cosas diferentes. Lo cual es bueno porque hay alguien para todos.

Te voy a dar seis trucos para atraer a la persona que te gusta siendo tú mismo.

Debes ser único, crear tu propia personalidad, ser auténtico y empatizar con la persona que te hará sentir bien.

La mentalidad. Alguien que es muy inseguro se refleja automáticamente en la forma en que trata a otras personas. Por ejemplo, cuando una persona no se arregla, no se cepilla bien los dientes o no se arregla el cabello, dice mucho de esa persona. Significa que no tienen mucha autoestima. También significa que no tienen una mentalidad ganadora. Para tener una mentalidad ganadora es necesario tener un alto autoestima.

Escucha a otros. Lo más atractivo de las personas es cuando realmente las escuchas. No, no te estoy diciendo que debes escucharlos, solo cuando realmente te preocupas genuinamente significa que estás preocupado por la otra persona. La próxima vez que alguien tenga una conversación contigo, en lugar de solo decir entiendo, forma una opinión. Desafíalos y eso hablará mucho mejor de ti.

Proyecta una confianza que puede reflejarse automáticamente si eres una persona celosa y obsesiva con tu pareja. Una persona que tiene confianza en sí misma no anda peleando con su pareja sobre cualquier cosa. Es una persona que sabe que valen lo suficiente como para ser respetados, por lo que esperan el mismo cambio.

Se Natural. Al final del día, debes ser tú mismo. No se puede proyectar una persona que no existe. ¿Por qué? Porque eventualmente la persona te llegará a conocer y si lo que dices no concuerda con lo que haces, tendrás un problema grave y en este punto probablemente ya serás poco atractivo para la persona que has conquistado.

El físico. Siempre es importante mantener un físico que te identifique y al que puedas ser fiel. No me refiero a lo que ves en las revistas de lo que debería ser. Me refiero a ser tú, ese físico que define quién eres, cómo eres y qué te gusta.

Imagina una persona extremadamente atractiva. El tipo de atractivo que la sociedad ama. Pero esta persona es muy mala con su pareja y su familia y suele ser grosero-lo que termina siendo que, aunque al principio puede ser muy atractivo a la vista, termina siendo la peor persona que abras conocido. Pierde completamente su atracción.

Puedes aplicar estos trucos a partir de hoy y no solo serás más atractivo, sino que también darás una buena impresión. Recuerda que la mayoría de las veces juzgamos a las personas por lo primero que sabemos sobre ellas. Si vemos una buena impresión, probablemente nos quedemos con ese juicio. Pero si se vuelve malo, eso significa que has estado fingiendo llevar a tu pareja a que le resulte más difícil confiar o enamorarse de nuevo. Entonces, si en algún momento has sentido que no has sido lo suficientemente atractivo para la persona que te ha robado el corazón, es importante que apliques estos consejos y verás un gran cambio en tu vida.

"Si alguien te dice que no eres hermosa/o, date la vuelta y aléjate, para que puedan tener una excelente vista del hermoso movimiento de tu trasero".

¿Alguna vez has pasado un día completo en silencio?

¿Puedes oírte respirando?

Solo un recordatorio en caso de que tu mente te esté jugando una mala pasada, eres importante. Eres amado. Honestamente, tu presencia en esta tierra marca la diferencia, ya sea que la veas o no. Nunca pienses que lo que tienes para ofrecer es insignificante. Siempre habrá alguien por ahí que necesite lo que tienes para dar, pero siempre debes saber lo que vales.

Cuando alguien te trate como si fueras solo una de las muchas opciones, ayúdalo a reducir su elección eliminándote de la ecuación. A veces debes tratar de que no te importe, no importa cuánto hagas. A veces, no significas casi nada para alguien que significa tanto para ti. No es orgullo. Es respeto por uno mismo. Ámate a ti mismo todos los días.

No les dé a las personas a tiempo parciales un puesto de tiempo completo en tu vida. Conozca su propio valor y lo que tiene para ofrecer. Nunca te conformes con menos de lo que realmente te mereces. Sin conocerte puedo decir claramente que vales más allá de mil razones. No puedes ser perfecto, pero nadie es perfecto. ¡Lo que puedo decirles es que no hay nadie en este mundo como TU!

~"Vive como si fueras a morir mañana, aprende como si fueras a vivir para siempre".

Es contigo con quien no liga

La gente se enamora. Te aseguro que saben cuándo están enganchados con una persona que les gusta. Así como saben lo que es amar. Dan flores y regalos. También son detallados y saben demostrar amor. Conocen la diferencia entre tener relaciones sexuales y hacer el amor.

Lo que sucede aquí es que la combinación de los dos no cuadra, y eso es lo que te está matando. No están hechos de hierro, sienten. El problema que tienes es que no te quieren. Lo que te queda por hacer es salir con dignidad porque la gente con dignidad no se arrodilla. No has perdido nada porque el ganador no es el que se va. Pero quién se va, se olvida y vuelve a empezar. Continúa recto incluso si tropiezas en el camino porque estas son experiencias de la vida.

¿No te aman y qué? Nada pasará. Como dije, no son el hombre hierro, si sienten. Simplemente es contigo con quien no liga. Esa persona no es tu pareja ideal. Déjalo ir para que veas como te llega algo mejor.

~"El amor será ciego… Pero ay que ver lo mucho que le alegras la vista."

Eres un rudo

Eres un rudo, reconócelo. Si tu ex después de diez años aún te llama, envía mensajes de texto o aparece en lugares a los que vas con frecuencia, te puedo decir que no te ha superado. Si todavía siguen todos tus movimientos, no te han superado.

Si todavía no entienden que realmente no quieres nada, no te han superado y es posible que no te superen por un tiempo. Pero luego debes reconocer que eres un rudo. Eres amado masiva, furiosa e incondicionalmente.

El universo se está volviendo loco por lo increíble que eres. Quiere darte todo lo que deseas. Quiere que seas feliz. Quiere que veas lo que ve en ti.

¡Deja de dudar de tu grandeza!

~"Una desilusión no es más que una situación que te ayuda a salir del lugar incorrecto."

No ay competencia

Puedes comer mucha mierda cuando quieres. Perdona mi francés. ¿Has visto alguna vez a Diosa competir con alguien? ¿Nunca verdad? Voy a ayudarte a sacar al diablo de la estupidez que llevas dentro.

Tu novio o tú novia te dejo. Te dejo por una persona imbécil que sabes que es inútil. Lo primero que debes hacer es agradecer a Dios porque te liberó de él/ella. Él está donde debe estar. Revolcándose en el fango con el cerdo que se merece en su vida. De todos modos, eras demasiado para él. Mira las cosas desde otro punto de vista. Eres una mina de oro que merece ser halagada veinticuatro siete. No era lo que merecías.

Eres como un diamante, así que sacúdete y siéntete bien contigo mismo. Tú, como yo, no tienes competencia. Los cerdos están sucios y llenos de fango y tú no estás, ¿verdad? ¿Debo decir más?

No importa en qué mundo o industria se encuentre, puede ser fácil pensar en su entorno como feroz o competitivo, especialmente si la presión para tener éxito es constante e intensa. Competir y compararse con los demás puede provocar celos, estrés y agotamiento.

No desperdicies tu energía tratando de cambiar de opinión. Haz lo tuyo y no importa si les gusta. La victoria final en la competición se deriva de la satisfacción interior de saber que has hecho tu mejor esfuerzo y que has sacado el máximo partido a lo que tenías para dar. Hay competencia en cada fase de tu vida. El día que empezamos a pensar en ellos, pierde la tranquilidad. Por eso no debes competir con nadie.

La mayor competencia siempre deberías ser tú mismo. Nunca mires para seguir a otros o derribarlos. Planea probar tus propios límites. El éxito es una paz mental que es el resultado directo de la autosatisfacción al saber que hizo el esfuerzo de convertirse en lo mejor que eres capaz de llegar a ser. Tu vida es tu propio viaje único. Es diferente a un viaje que cualquier otra persona, antes o después de usted, pueda realizar.

Haga su trabajo con todo su corazón y tendrá éxito. Hay tan poca competencia. Para mí, el trabajo en equipo es la belleza de nuestro deporte, donde hay cinco actuando como uno. Te vuelves desinteresado. La personalidad comienza donde la comparación termina. Ser único. Ser memorable. Ten confianza. Estate orgulloso. Recuerda siempre que la única persona que debe de tratar ser mejor es quien eras ayer.

~"Haz tu trabajo con todo tu corazón y tendrás éxito, hay muy poca competencia".

Deja de buscar y permite que te encuentren

Deja de buscar. Te ruego que detengas la búsqueda. Finalmente descubrí cómo funciona todo y por eso quiero revelar el secreto que nadie quiere compartir. Te voy a dar un consejo, coge algo para escribir y toma notas.

Quédate con quien te trate bien, incluso si a veces eres un desastre ∞ Quédate con quien te busque y busque ser parte de tu día a día ∞ Quédate con quien te escuche y busque ser parte de tu vida ∞ Quédate con el que te haga sentir bien contigo mismo ∞ Quédate con quien te reconstruya y busque mejorarte.

Las personas atractivas a la vista son muchas. Pero, ¿quién es atractivo para el corazón? Eso es único, así que elige bien. Quiero darte estos consejos porque me hubiera encantado que alguien me los hubiera dado a mí. Grábate bien estas palabras, también pueden terminar cambiando tu vida.

Deja de mirar, no hay respuesta. No te habla porque no le importas. Se va de tu lado porque está aburrido. Te ignora porque hay alguien más. ¿Entendiste eso? ¿Debo continuar?

No busques a quienes no te busca a ti. No ames a quien no te ama. Sobre todo, no des todo por el que no da un centavo por ti. He aprendido que no hay falta de tiempo pero hay falta de interés. La vida es demasiado corta para correr detrás de alguien que ni siquiera camina por ti. ¿Por qué tienes que correr detrás de ellos cuando ya saben dónde estás? Han estado dentro de tu casa y saben todo acerca de tus misterios, pero todavía no te buscan. No busques y deja que te encuentren.

No busques algo que no te ofrezcan y que nunca te pidan. El amor no se suplica; los gestos de amor se dan de forma natural. Si solía hacer cosas por ti antes y ahora no lo hace, siento decirte esto, pero esa relación se acabó.

No mires y deja que el viento se lleve las cosas innecesarias en tu vida. Evita todo ese espacio negativo y llénalo de lo positivo en su vida.

He aprendido por las malas. Más fuerte no es quién tolera más, sino quién es más capaz de liberarse.

Si no trae alegría a tu vida, déjalo ir.

Si no te ilumina ni te construye, déjalo ir.

Si permanece pero no crece, déjelo ir.

Si no reconoce tus talentos, déjalo ir.

Si no te acaricia, déjalo ir.

Si no acelera tu despegue, déjalo ir.

Si dice pero no actúa, déjalo ir.

Si no hay lugar en su vida para ti, déjalo ir.

Si trata de cambiarte, déjalo ir.

Si comienza a imponerse, déjelo ir.

Si simplemente no aporta nada a tu vida, déjalo ir.

Si cuando falta no notas su ausencia, déjalo ir.

Si todo se reduce a lo físico, déjalo ir.

Si no muestra lo que dice con hechos, déjelo ir.

No mires ni vayas detrás de lo que no quieren darte. ¡Déjalo ir! Les aseguro que la caída será mucho menos dolorosa que el dolor de aferrarse a lo que podría ser, pero no es. ¡Déjalo ir! Si vuelve, entonces puedes preguntarte si probablemente sea para ti o no.

Pero mantente abierto a la posibilidad de que puedas encontrar a aquellas personas que quieran formar parte de tu vida de una manera saludable. Deja de buscar.

Te recomiendo que permitas que te encuentren. No se trata de quién te espera, sino de quién te busca. Ni tampoco de a quién le gustas, se trata de quién te apoya. No se trata de quién te ama, se trata de quién te muestra. No busques a quien no te busca. No quieras al que no te ama. Principalmente, no des todo por el que no da nada por ti.

Tatúate estas palabras en tu mente y corazón. Nunca sabrás si tu pareja es fiel. De hecho, nunca sabrás si realmente te ama. O saber si te dice la verdad incluso mientras te mira a los ojos. Solo tienes que confiar, y si algo sale mal, tú propio destino te mostrará que esa persona no era la adecuada para tu vida. Disfruta los momentos que te pueden regalar. Al menos estabas feliz y no dejaste de comprometerte. Verás cómo la vida ordenará todo en su lugar.

Sepárate de la ansiedad

Ansiedad…

Algo con lo que mucha gente tiene una relación. ¡Algunos lo saben y otros no! No tienes amor por la ansiedad, pero aun así, ella parece amarte. La ansiedad decide con quién debes o con quién no vas a hablar. La ansiedad es la razón por la que no te hablaron. Ella es posesiva. A la ansiedad no le gusta que hables con otras personas.

Ella es irracional. La ansiedad te hará tomar el camino más largo a casa en lugar del atajo para evitar a las personas que ya has visto dos veces-porque no sabes si está bien saludarlas por tercera vez. Debido a la ansiedad, no corriges a las personas que te malentienden. Simplemente lo aceptas porque lo que querías es ser entendido, ¡pero quizás ignorar el hecho de que no te entendieron era lo que necesitabas! Entonces, dices gracias.

La ansiedad te hace jugar un papel. Un papel que pasa factura y te hace creer que desde que tú novio/a te dejó nadie más te querrá. Entonces te preguntas constantemente qué le sucede a una persona negra cuando se siente importante. ¿Lo lograré? ¿Podré volar alto? La ansiedad te recuerda constantemente lo fácil que es aplastarte. Cuando crees que estás presionando contra su voluntad, es cuando piensas que ella matará. No vota solo, usted y ella deciden su próximo paso en la vida.

¡Pero NO, PARE, LUCHA! Tienes que luchar contra ella para tomar el control de tu hogar, tu cordura, vamos, puedes hacerlo, ¡no te rompas! ¡Respira!...

Si sus relaciones no funcionan, estoy segura de que es porque la otra persona no sabe que se está apuntando en un trío. ¿Cómo espera que alguien viva con los dos si no puede controlar quién los está controlando? Tienes que separarte de la ansiedad antes de estar con él o ella. Entiendo que no manejas bien la separación, pero ella no es la única relación con la que puedes contar. Dejar ir se sentirá como estar atrapado en un ring de boxeo obligado a luchar, ¡pero debes estar decidido a noquearla! Tú y la ansiedad han aprendido a vivir juntos, y puedo entenderlo. Posiblemente sea la relación más larga que hayas tenido, pero no será la única relación que tendrás, ¡así que es hora de dejarla ir! Tienes vida, estás despierto, estás aquí y el momento es ahora. ¡DESPIERTA!

~"Vas a salir de esta y de cualquier otra porque las personas como tú brilla hasta con el alma rota."

Con un mal movimiento pierdes a la Reina

El ajedrez es muy educativo. Una de las lecciones más importantes del ajedrez es que con un mal movimiento puedes perder a la reina. Sin embargo, no tengas miedo de perder lo que nunca has tenido. El problema contigo es que quieres valorar lo que ya no tienes bajo tu control.

Te preocuparás mañana cuando ya no estén en tu presente ni en tu futuro. En ese momento ya serás parte de su pasado. ¿Qué piensas de eso? El problema contigo es que no puedes controlar lo que hiciste antes y eso te tiene hirviendo por dentro, pero tampoco valoras lo que tienes en tu vida.

Toma nota de todo lo que te hace feliz. Observa cuánto sonríes y todos los impactos positivos que tiene en ti. Abre los ojos a todo lo que tienes. No esperes más porque mañana puede ser demasiado tarde. Y por último, recuerda que no tienes que perder nada para valorarlo.

Tienes el poder de ver lo que te rodea en este momento: valóralo y disfrútalo porque lamento decirte que las personas que amas se irán algún día. Tus amigos no serán tus amigos, tus hijos comenzarán sus vidas, tu trabajo terminará y así es.

Así que toma las riendas y haz que todo valga la pena. Haz que todo lo que tienes ahora permanezca en tu memoria para siempre. No esperes perderlo para darte cuenta de lo importante y valioso que era. ¡O estás dentro o estás fuera!

¡Mate!

~"Las lágrimas son tal vez los amigos más desinteresados de
nuestra vida."

Vive y sé tú mismo (no cambies)

Mi padre y yo nos separamos un día, él pensó que yo era gay porque tengo a mi mejor amiga que se ha pegado a mí como pegamento hasta el día de hoy. Ella es mi persona, tú sabes. Entonces, le dije a mi madre con el corazón roto, sintiéndome como si estuviera atrapada en un espacio vacío, pero ella pensó lo mismo. ¿Estaba despierta? Sí, pero supongo que ella tenía razón al final del día.

Mi mejor amiga es fornida y del prototipo un poco masculino. Así que ahora tengo un montón de estereotipos en mi cabeza. Si fuera gay, pensaría que la inspiración y la música me odian. ¿Has leído mis comentarios de YouTube últimamente? Eso es tan gay se deja caer a diario. Nos volvemos tan insensibles a lo que decimos que se convierte en una cultura fundada en la opresión.

Así que sí, ¡no los aceptamos! Los humanos se llaman maricones unos a otros por ignorar que es una palabra arraigada en el odio, pero nuestra clase aún la ignora. El mismo odio que provoca guerras de religiones, y de género a color de piel. La misma pelea que lleva a la gente a huelgas y sentadas. Es un derecho humano para todos, no hay diferencia. Sigue viviendo y sé tú mismo. ¿Leíste eso correctamente? **¡VIVE Y SÉ TU MISMO!**

Mi religión me ha enseñado algo más. Si predicas el odio mientras oras, esas palabras no son bendecidas. La oración que acabas de poner ha sido envenenada. La mayoría de las personas se sienten cómodas permaneciendo sin voz, en lugar de luchar por los seres humanos a los que les han robado sus derechos. Puede que no sea como todos los demás, pero eso no es importante. Digo, no hay libertad hasta que seamos iguales.

Sí, lo apoyo porque nuestro mundo es tan odioso que algunas personas preferirían morir antes que ser quienes son. Pero es un hecho que ninguna ley nos va a cambiar. Nosotros tenemos que cambiarnos a nosotros mismos. Sea cual sea el Dios en el que creas, todos venimos del mismo. Si quitas el miedo, en el fondo es el mismo amor.

"El carácter es como un árbol y la reputación como una sombra. La sombra es lo que pensamos de ella, el árbol es lo real. Debes ser lo suficientemente real para ser creíble, pero no necesariamente tienes que ser lo suficientemente real para ser real".

No te enfermes por el trabajo

Las personas más productivas del mundo tienen más inteligencia emocional que académica. Esto es grave y peligroso porque lo que más nos está afectando en esta sociedad es la inteligencia emocional. Tenemos gente con un título, con un auto, con un cuerpo pero emocionalmente destruidas. Honestamente si no tienes eso, entonces no tienes nada.

Te recomiendo que elijas una carrera que te brinde felicidad a través de la conexión con otros seres humanos. Nunca descuides a quienes te aman, no importa cuánto te paguen. Ninguna empresa le agradecerá jamás la destrucción de su familia debido a su trabajo excesivo en su empresa. No te enfermes de un trabajo, siempre serás sustituido. Si mueres ahora, la empresa fácilmente pondrá a otra persona en tu lugar. Tienes que priorizarte a ti mismo para poder producir dinero y de alguna manera ser una persona funcional.

Haz siempre lo mejor que puedas. Lo mejor de ti va a cambiar de un momento a otro. Será diferente cuando estés sano en lugar de enfermo. Bajo cualquier circunstancia, simplemente haga lo mejor que pueda y evitará el juicio propio, el abuso y el arrepentimiento. Hay un consuelo en estar enfermo, y es la posibilidad de que pueda recuperarse a un estado mejor que nunca. A menudo, nuestra incomodidad no se puede atribuir a una fuente específica. Es simplemente el resultado de un desajuste profesional. Tal era el caso cuando trabajaba en un puesto agotador de asistente médico en el hospital. Mi déficit del lado izquierdo, dolores y músculos tensos me llevaron a programar una terapia semanal, que también fue una experiencia dolorosa.

No fue una persona o un proyecto lo que causó esto, fue el trabajo en sí. Pero me tomó un proceso de eliminación darme cuenta de eso.

Establezca límites que le sirvan. Solía revisar el teléfono antes de que mis pies tocaran el suelo por la mañana. Si hubiera recibido un mensaje despectivo, marcó el tono de todo mi día. Así que decidí hacerme una regla: no usar el teléfono antes del desayuno. Haga un inventario de sus propios puntos de contacto con el estrés y establezca límites que le parezcan adecuados. Intente quitar el teléfono de su habitación por completo, lo que puede eliminar la tentación de registrarse temprano o tarde y permite que la melatonina haga su magia. (La luz emitida por su teléfono celular, a menudo llamada "luz azul" suprime la melatonina y estimula su cerebro como si fuera de día). La Fundación Nacional del Sueño recomienda no pasar frente a una pantalla una hora antes de acostarse.

Si el estrés en el trabajo le está causando un dolor físico real y cree firmemente que continuará a pesar de sus mejores esfuerzos-podría ser el momento de irse. Deja de preguntarte (¿Sera hora de irme?) ¡Ya sabes la respuesta! He visto a muchos oscilar cuando llega el momento de tomar esta decisión. Especialmente en lo que se refiere a dejar un trabajo bien remunerado. Por eso, a menudo les hago un ejercicio muy simple de ventajas y desventajas: Haga una lista de todas las cosas que el trabajo le da… sueldo, beneficios, estatus, pero también dolores de cabeza, estrés, insomnio, accidentes cerebrovasculares, ataques de pánico, etc. Analice para determinar si los costos de salud superan los beneficios.

Si la respuesta es sí, aléjese. Si la respuesta es no, recuérdese que permanecer en un trabajo es una elección a pesar de sus inconvenientes, y eso también tiene poder. No espere a despertar paralizado antes de reevaluar lo que le está costando su trabajo. Eres el arquitecto de tu carrera y de tu vida. Te pertenece. Todo comienza contigo.

~"Si sientes que te faltan las fuerzas cambio tu estilo de vida."

Seis cosas que no tienes que explicarle a nadie

No vivas dando tantas explicaciones, los que te quieren realmente no las necesitan. Aquí hay seis cosas que no tienes que explicarle a nadie.

1. Si necesitas tiempo a solas, no tienes que pedir permiso siempre y cuando no se lo tomen a mal.
2. No tienes que explicar nada sobre las personas que te rodean, o los amigos que tienes, la pareja que elegiste, ni siquiera que eres soltero.
3. Tus cosas favoritas. Lo que te llena es para que lo disfrutes personalmente.
4. Tu carrera porque es tu decisión, incluso si no es convencional.
5. Tus creencias religiosas, políticas o espirituales. Siempre que no le hagas daño a nadie, eres libre de creer en lo que te apetezca creer.
6. Tus sentimientos. Si no estás preparado para hablar de algo, nadie debería obligarte. No vivas dando explicaciones, debemos ser conscientes de lo que hacemos.

No es necesario que te expliques a nadie. Tienes tu propia vida, y solo tú tienes derecho a vivirla como quieras. Solo asegúrate de haber sido sincero contigo mismo y no tendrás que explicar nada a los demás jamás. No aceptes la aprobación de los demás para vivir tu vida. ¿No es así?

Recuerda que todas y cada una de las personas en este mundo tendrán diferentes opiniones sobre las cosas y por lo tanto, su perspectiva variará inmensamente. Solo asegúrate de estar feliz por todo lo que haces. Solo asegúrate de vivir tu vida en tus propios términos. Por último, pero no menos importante, tu felicidad es todo lo que importa al final del día. No puede hacer felices a todos todo el tiempo y, por lo tanto, es más importante preocuparse por su propia felicidad en primer lugar. Eres lo que realmente importa.

~"*Contigo SIEMPRE lo que con nadie NUNCA*"

Levanta tu autoestima

Naciste Reina/Rey. Naciste para ser grande y brillar más que la luna y el sol juntos. Tienes que elevar esa autoestima y aprender a valorarte a ti mismo. Tienes que levantarte del suelo y entender que si no te amas nadie lo hará por ti. Si tu autoestima está en el suelo, entonces estás sujeto a manipulación. Eres una persona que cualquiera puede usar y engañar a voluntad.

Sin embargo, no puedes permitir que eso suceda porque cuando aprendes a amar lo que ves en el espejo, no hay un alma que pueda destruirte o lastimarte. Cuando se trata de tu autoestima, solo una opinión realmente importa: la tuya. E incluso ese debe ser evaluado cuidadosamente; tendemos a ser nuestros propios críticos más duros. Todo el mundo es bueno en algo, desde el trabajo que haces hasta hacer reír a los demás, hay algo en lo que destacas. Pero, muchos de nosotros nunca nos tomamos el tiempo para reconocer este hecho y tendemos a enfocarnos más en nuestras debilidades.

Al proporcionar recordatorios positivos de nuestros logros y habilidades, a veces podemos sorprendernos con lo mucho que hemos logrado. Es una buena idea anotar sus logros a medida que ocurren o cuando los recuerda. Verlos en blanco y negro puede proporcionar un excelente recordatorio de que somos mucho más capaces y exitosos de lo que imaginamos al principio.

Rodéate de positividad. Irónicamente, una de las formas más efectivas de ganar confianza en uno mismo es estar rodeado de personas abrumadoramente positivas. Una vez que empieces a hacer esto, verás que tu entusiasmo se está contagiando, lo que también puede despertar todo tipo de ideas y planes en ti.

S tiene una pasión o un interés, busca a otras personas que lo compartan. Incluso si se trata de convertirse en extrovertido y aventurero. Esto es especialmente relevante si tu círculo actual de amigos incluye pesimistas y pensadores negativos cuyas actitudes, desafortunadamente, pueden ser tan contagiosas como la positividad.

Te recomiendo que te desafíes a ti mismo. Desarrollar la confianza en uno mismo también puede ser una cuestión de salir de su zona de conforte e intentar algo nuevo y desafiante. Este puede ser cualquier tipo de objetivo, desde aprender un nuevo idioma o habilidad hasta correr tu primer maratón. Esto te dará un nuevo enfoque en tu vida y posiblemente lo empujará más allá de lo que pensabas que eran tus limitaciones.

Una vez que se haya enfrentado al desafío, podrás mirar hacia atrás como una prueba más de que eres una persona exitosa, segura de sí misma y capaz de cualquier cosa.

Mudarse a un nuevo trabajo también puede ayudar. Pasamos alrededor de un tercio de nuestras vidas en el trabajo, por lo que es imposible estimar cuán importante es para desarrollar nuestra autoestima. Está bien cuando recibimos elogios regulares y sabemos que estamos haciendo bien nuestro trabajo. Pero a menudo puede parecer una experiencia claramente perjudicial. Por ejemplo; si el trabajo no es desafiante y repetitivo.

El secreto para desarrollar la confianza en uno mismo en el trabajo es solicitar una transferencia a un puesto que le resulte más satisfactorio o cambiar de puesto por completo.

El nuevo rol no solo creará una atmósfera más estimulante para ti, el mismo hecho de que haya sido elegido para él seguramente también aumentará su confianza.

Entonces, dicho esto; ponte en forma y come sano. Es un hecho de la vida que si nos sentimos bien con nuestro aspecto, nuestra confianza se irradia. Eso no significa que necesitemos tener un aspecto de súper modelo o estrella de cine, solo necesitamos sentir que estamos haciendo lo mejor de nosotros mismos.

Uno de los ejercicios de autoestima más eficaces que podemos hacer es el ejercicio real. Si esto también está relacionado con un desafío físico que nos planteamos. Ese impulso de confianza nos ayudará a crecer.

También es importante considerar la dieta. Si sentimos que estamos comiendo de manera saludable y tomando todas las decisiones correctas, esto puede dar un impulso tanto físico como psicológico a nuestra autoestima.

Por último, le recomendaría que adopte el enfoque filosófico. Todas las sugerencias dadas hasta ahora se han centrado en la acción y la decisión-si realmente desea saber cómo mejorar la autoestima, entonces también tendrá que ser un poco más reflexivo y filosófico.

Las cosas no siempre salen como quieres y no hay nada que puedas hacer al respecto. Lo único que puede controlar es cómo reaccionar ante estos contratiempos. Trata de verlos menos como fracasos y más como experiencias de aprendizaje. La próxima vez que ocurra una situación similar, debes tener la confianza para enfrentarla de manera más efectiva. Y eso, a su vez, hará maravillas con tu sentido general de autoestima.

Perdona y perdónate a ti mismo

Perdona y perdónate, olvida y archiva todo lo que te ha lastimado. Recuerda todas las cosas buenas pero deja las malas a un lado. Guarda todos los buenos recuerdos y olvídate del resto. Deja de pensar en tu pasado y de revivir cosas que eran. Vive el presente, que es lo único que realmente tienes. Sería mejor que todo el tiempo que dedicas a tu pasado lamentándote de cosas que ya han sucedido. Dedica tiempo a tu futuro. Construye todo lo que se te presente y vive el momento.

Date una oportunidad porque como seres humanos estamos destinados a cometer errores. Debes tener la capacidad no solo de perdonar a las personas, sino de perdonarte a ti mismo. Permíteme recordarte que lo que te pasó no fue en vano. Has aprendido una muy buena lección. Puede que seas tú peor juez. Deja de juzgarte a ti mismo y entiéndete desde un lado de amor y paz. Deja que el pasado sea el pasado, aprende de tu experiencia y cierra ese capítulo. Cuando concluya la lección que tienes que aprender, créelo y asegúrate de que sea real para que puedas seguir adelante.

El perdón a menudo se define como una decisión deliberada de dejar de lado los sentimientos de ira, resentimiento y retribución hacia alguien que cree que le ha hecho daño. Sin embargo, si bien puedes ser bastante generoso en su capacidad de perdonar a los demás, puedes ser mucho más duro consigo mismo. ¡Todos cometemos errores pero aprende a aprender de tus errores! Déjate llevar, sigue adelante y perdónate a ti mismo. Es importante para la salud y el bienestar mental.

El perdón a uno mismo no se trata de liberarse ni es un signo de debilidad. El acto de perdonar, ya sea que se esté perdonando a sí mismo o a alguien que le ha hecho daño-no sugiere que esté tolerando el comportamiento. El perdón significa que aceptas el comportamiento. Aceptas lo que sucedió, y estás dispuesto a dejarlo atrás y seguir adelante con tu vida sin pensar en eventos pasados que no se pueden cambiar. Un enfoque terapéutico del perdón a uno mismo sugiere que cuatro acciones clave pueden ser útiles.

Perdonarse a sí mismo es algo más que dejar atrás el pasado y seguir adelante. Se trata de aceptar lo sucedido y mostrarte compasión a ti mismo. Enfrentar lo que has hecho o lo que ha sucedido es el primer paso hacia el perdón a ti mismo. También es el paso más difícil. Si has estado poniendo excusas racionalizando o justificando tus acciones para que parezcan aceptables, es hora de enfrentar y aceptar lo que has hecho. Al asumir la responsabilidad y aceptar que se ha involucrado en acciones que han lastimado a otros, puede evitar emociones negativas, como el arrepentimiento y la culpa excesiva.

Quiero que te abras y expreses remordimiento. Como resultado de asumir la responsabilidad, puedes experimentar una variedad de sentimientos negativos que incluyen culpa y vergüenza. Cuando has hecho algo mal, es completamente normal incluso saludable sentirse culpable por eso. Estos sentimientos de culpa y remordimiento pueden servir como trampolín para un cambio de comportamiento positivo. La culpa implica que eres una buena persona que hizo algo malo, la vergüenza te hace verte como una mala persona. Esto puede provocar sentimientos de inutilidad que, si no se resuelven, pueden provocar adicción, depresión y agresión. Comprende que cometer errores por los que te sientas culpable no te convierte en una mala persona ni socava tu valor intrínseco.

Hacer las paces es una parte importante del perdón, incluso cuando la persona a la que estás perdonando eres tú mismo. (Por supuesto, solo funciona si te estás disculpando con sinceridad y eficacia). Así cómo es posible que no perdones a otra persona hasta que lo haya compensado de alguna manera. Es más probable que perdonarte a ti mismo se mantenga cuando sientas que te lo has ganado.

Una forma de superar la culpa es tomar medidas para rectificar sus errores. Discúlpate si es necesario y busca formas de compensar a quien sea que hayas lastimado. Puede parecer que esta parte del proceso beneficia solo a la persona a la que has dañado. Pero también hay algo para ti. Corregir tu error significa que nunca tendrás que preguntarte si podrías haber hecho más.

Te recomiendo que te enfoques en la renovación. Todos cometemos errores y tenemos cosas por las que sienten pena o arrepentimiento. Caer en la trampa de la rumia-el odio a uno mismo o incluso la lástima, puede ser perjudicial y dificultar el mantenimiento de la autoestima y la motivación.

Perdonarse a sí mismo a menudo requiere encontrar una manera de aprender de las experiencias y crecer como persona. Para hacer esto, debes comprender por qué se comportó de la manera en que lo hizo y por qué se siente culpable. ¿Qué medidas puedes tomar para prevenir los mismos comportamientos nuevamente en el futuro? Cometiste errores pero fue una experiencia de aprendizaje que puede ayudarlo a tomar mejores decisiones en el futuro.

La limitación es importante. El perdón a uno mismo es una práctica poderosa. Es importante reconocer que este modelo no está destinado a personas que se culpan injustamente de algo de lo que no son responsables.

Las personas que han sufrido abusos, traumas o pérdidas, por ejemplo; pueden sentir vergüenza y culpa aunque no tengan el control. Esto puede ser particularmente cierto cuando las personas sienten que deberían haber podido predecir, y por lo tanto evitar un resultado negativo. (Un ejemplo de lo que se conoce como sesgo de retrospectiva).

El perdón tiene beneficios. El axioma estándar dentro de la psicología ha sido que el perdón es algo bueno y que transmite una serie de beneficios. Ya sea que haya experimentado un desaire menor o haya sufrido un agravio mucho más serio. Esto incluye tanto perdonar a los demás como a ti mismo.

Deja ir y ofrécete el perdón ya que puede ayudar a aumentar tus sentimientos de bienestar y mejorar tu imagen de tí mismo. Numerosos estudios han demostrado que cuando las personas practican el perdón a sí mismo, experimentan niveles más bajos de depresión y ansiedad. De manera similar, la autocompasión está asociada con niveles más altos de éxito, productividad, enfoque y concentración. Entonces, creo que volvemos al punto de partida. Todo comienza contigo. Perdónate y perdona. ¡Olvida y archiva!

"Cada día es una oportunidad para ser alguien mejor. ¡Quizás hoy sea tu día! "

Lecciones de vida

La vida pasa demasiado rápido. Lamentablemente no nos damos cuenta de su valor hasta que estamos contando nuestros días en vida. Constantemente nos está dando lecciones que a menudo no entendemos por qué, pero todo tiene un propósito. Las cinco lecciones más importantes que tienes que aprender son las siguientes:

- Aprecia lo que tienes. (Normalmente no valoramos a las personas más cercanas a nosotros).
- Valora quién es real. (La verdadera amistad no se trata de quién llegó primero o quién te conoce más. Se trata de quién llegó y nunca se fue).
- Cuida a la gente. (Si no los cuidas en su presente, no esperes verlos en el futuro porque para entonces ya será su pasado).
- La familia no siempre es la de sangre. (La familia son las personas que quieren estar en tu vida y te quieren en la de ellos. Te aceptan por lo que eres, y por eso la sangre no es lo más importante cuando hablamos con amor).
- No pierdas oportunidades. (En la vida hay tres cosas que no retroceden... El trono de flechas, la palabra pronunciada y la oportunidad perdida).

Piénsalo. Valora tu vida, vive al máximo y, si cometiste un error, ¡comienza de nuevo! Ahora tienes la oportunidad. Las lecciones de la vida son un hermoso regalo, pero no siempre vienen envueltas en un lazo rojo brillante. A veces, la tragedia nos trae sabiduría. A veces la alegría lo hace.

Otras veces nos topamos con lecciones que nos cambiarán la vida cuando menos lo esperamos.

No importa cómo nos lleguen. Las lecciones de la vida son invaluables y vale la pena apreciarlas. Úsalos como guía para vivir sin disculpas, sin límites. Para empezar de nuevo y seguir adelante hay muchas cosas que querrás dejar al lado. Ya sea una traición, una mala infancia, un divorcio o un mal trabajo, debes dejarlo pasar y seguir adelante.

No puedes hacer nada sobre lo que sucedió en el pasado, pero puedes hacer algo sobre tu futuro. Tu pasado no es tan importante como el futuro; para que no pueda dejar que envenene su futuro. Hay mucho que el mundo puede enseñarnos.

Te aconsejo que dejes de compartir tus sueños con personas que intentan retenerte, incluso si son tus padres. Si eres el tipo de persona que sientes que hay algo allá fuera para ti más allá de lo que se esperas que te haga ser EXTRA ordinario, no llegarás ahí pasando el rato con un grupo de personas que te dicen q tú no eres extraordinario. En cambio, probablemente te volverás tan ordinario como ellos esperan que seas.

Hay tantas lecciones que desearía haber aprendido cuando era lo suficientemente joven como para apreciarlas y aplicarlas. Lo que pasa con la sabiduría, y a menudo con las lecciones de la vida en general, es que se aprenden en retrospectiva mucho después de que las necesitamos. La buena noticia es que otras personas pueden beneficiarse de nuestras experiencias y las lecciones que hemos aprendido.

"No conozco el secreto del éxito, pero el secreto del fracaso es tratar de complacer a todos". No es necesario que todos estén de acuerdo con usted o incluso que le agraden. Su naturaleza humana es querer pertenecer, ser querido, respetado y valorado pero no a expensas de tu integridad y felicidad. Otras personas no pueden darte la validación que buscas. Eso tiene que venir desde adentro.

Habla, mantente firme, afirmarte cuando lo necesites, exige respeto, mantente fiel a tus valores. Esta es una de las lecciones de vida que debes aprender para dejar de complacer a la gente.

En la vida también debemos aprender que tu salud es el activo más valioso. La salud es un tesoro invaluable que siempre aprecie, nutra y proteja. La buena salud a menudo se desperdicia en los jóvenes antes de que tengan la oportunidad de apreciarla por lo que vale. Tendemos a dar por sentada nuestra buena salud, porque está ahí. No tenemos que preocuparnos por eso, por lo que realmente no le prestamos atención hasta que tenemos que hacerlo.

Enfermedades cardíacas, densidad, derrames cerebrales, muchos cánceres, es parte de la lista de muchas enfermedades que en gran medida se pueden prevenir. Es larga así que cuide su salud ahora, o se arrepentirá más adelante.

"La vida es lo que sucede mientras estás ocupado haciendo otros planes". No importa cuán cuidadosamente planifique y cuán duro trabaje. A veces las cosas simplemente no salen como tu quieres. Y eso está bien.

Tenemos todas estas expectativas; visiones predeterminadas de cómo será nuestra vida "ideal", pero usualmente esa no es la realidad de la vida con la que terminamos. A veces nuestros sueños fallan, y otras veces simplemente cambiamos de opinión a mitad de camino. A veces tenemos que fracasar para encontrar el rumbo correcto y a veces solo tenemos que probar algunas cosas antes de encontrar la dirección correcta.

Pero no se trata solo de ti. No eres el epicentro del universo. Es muy difícil ver el mundo desde una perspectiva fuera de la tuya, ya que siempre estamos muy concentrados en lo que está sucediendo en nuestras propias vidas. ¿Qué tengo que hacer hoy? ¿Qué significará esto para mí, para mi carrera, para mi vida? ¿Qué quiero? Es normal ser intensamente consciente de todo lo que sucede en tu propia vida. Debes de prestar mucha atención a lo que sucede a tu alrededor y cómo las cosas afectan a otras personas en el mundo como a tu propia vida. Ayuda a mantener las cosas en perspectiva.

Entonces, dicho esto; Diré más... No hay vergüenza en saberlo. Nadie lo tiene todo resuelto. Nadie tiene todas las respuestas. No hay vergüenza en decir "No lo sé". Fingir ser perfecto no te hace perfecto. Simplemente te vuelve neurótico mantener la pretensión de perfección fabricada.

Tenemos la idea de que existe algún tipo de estigma o vergüenza en admitir nuestras limitaciones o incertidumbre. No podemos saberlo todo. Todos cometemos errores y nos equivocamos de vez en cuando. Aprendemos sobre la marcha, así es la vida. Además, a nadie le gustan los sabelotodo. Un poco de vulnerabilidad te hace humano y mucho más identificable.

Muestra amor. El amor es más que un sentimiento, es una ELECCIÓN que estalló de euforia inicial. El amor y la pasión que aceleran el pulso no duran mucho. Pero eso no significa que el amor duradero no sea posible. El amor no es solo un sentimiento; es una elección que haces todos los días.

Tenemos que elegir dejar pasar las molestias, perdonar, ser amables, respetar, apoyar y ser fieles.

Las relaciones requieren trabajo. A veces es fácil y a veces increíblemente difícil. Depende de nosotros elegir cómo queremos actuar, pensar y hablar en una relación, ya que la perspectiva es algo hermoso. Por lo general, cuando estamos preocupados o molestos, es porque hemos perdido la perspectiva.

Todo lo que está sucediendo en nuestras vidas parece tan grande. Tan importante. Tan de vida o muerte, pero en el panorama general esto es solo un hipo que a menudo significa casi nada. La pelea que estamos teniendo. El trabajo que no obtuvimos. El desaire real o imaginario. La necesidad inesperada de cambiar de rumbo es lo que queríamos, pero no obtuvimos. Te diré que la mayor parte no importará dentro de vente, treinta, o cuarenta años. Es difícil ver a largo plazo cuando todo lo que sabe es a corto plazo, pero a menos que sea potencialmente mortal, déjelo ir y sigue adelante.

No dé nada por sentado. A menudo no apreciamos lo que tenemos hasta que lo perdemos: eso incluye su salud, su familia y amigos, su trabajo, el dinero que tiene o cree que tendrá mañana.

Cuando eres joven piensas que tus padres siempre estarán ahí, pero no lo estarán. Crees que tienes mucho tiempo para volver a ponerte en contacto con tus viejos amigos o pasar tiempo con otros nuevos, pero no es así. Tienes dinero para gastar, o crees que lo tendrás el próximo mes, pero es posible que no lo tengas.

No se garantiza que nada en tu vida esté allí mañana, incluyendo tus seres queridos. Esta es una lección de vida difícil de aprender. Puede ser la más importante de todas. La vida puede cambiar en un instante.

Asegúrate de apreciar lo que tienes mientras aún lo tienes.

Tu intuición

Albert Einstein dijo que "la mente intuitiva es un regalo y que la mente racional es un servidor fiel". Hemos creado una sociedad en la que honramos al servidor y hemos olvidado el regalo. Es decir, hemos dejado de confiar en nuestra intuición y esas famosas corazonadas. Tenemos seis sentidos por una razón, y uno de los creadores más importantes del mundo tecnológico nos lo enseñó. Steve Jobs, donde dijo que debes escuchar tu propia voz sin permitir que nadie apague esa famosa voz.

Lo más importante es que siempre sigas tu corazón y tu intuición porque de alguna manera ellos ya saben en quién te convertirás. Todo lo demás es secundario, así que, si el mensaje te llega, ¡espero que confíes en esa corazonada porque tienes razón! Las cosas funcionan de cierta manera, así que escucha tu sexto sentido.

¿Qué es realmente la intuición? La intuición es un "saber" que no se puede explicar por hechos o pensamientos, sino a través de un profundo sentimiento interior. Son esos momentos de "lo siento en mis entrañas" y "algo no se siente del todo bien" y no puedes explicar por qué. Y mi pregunta es: ¿Con qué frecuencia has ignorado esa vocecita conocedora porque simplemente no tenía sentido?

La mayoría de nosotros creemos que nuestra intuición, o también conocida como nuestra voz interior conocedora. Tiene valor, pero no sabemos cómo acceder a ella y cómo escucharla. Estamos aún más estupefactos en cuanto a cómo usarlo a pedido. Solo sabes que te sucedió tantas veces y algunas de ellas fueron tan obvias que sonríes

cuando piensas en lo que se podría haber evitado- y dices;
si hubieras prestado un poco más de atención.

"La intuición no te dice lo que quieres escuchar; te dice lo
que necesitas escuchar ".

Es una acumulación de experiencias, instintos y sentidos,
que incluye elevar el tacto, el sentimiento, la vista, el oído y
el gusto hasta su punto máximo. La intuición proviene de la
observación de los propios procesos mentales y
emocionales. Se trata más de "sentir" que de "lógica", es tu
capacidad para sentir las cosas antes de que te golpeen.
Por ejemplo, cuando conoces a alguien por primera vez y le
das la mano, puedes sentir intuitivamente a través del tacto
y la vista que no puedes confiar en esa persona. Esto podría
ser un sentimiento intenso, porque en tu corazón y en tu
instinto sabes que algo anda mal. Puede que no sepas
exactamente por qué, ni tengas ningún razonamiento lógico
para sentirte así. Pero en ese mismo momento, sabes que
tienes que escuchar y confiar en esa abrumadora sensación
de peligro.

Por lo contrario, también puede ser una cálida sensación de
paz interior y amor en tu corazón, porque sabes que todo va
a estar bien. Aunque recibimos mensajes de diferentes
maneras. Todos los recibimos, incluso algunos los estamos
aprovechando. Algunos de nosotros sentimos cosas,
mientras que otros las ven u oyen.

*"La intuición es la supra-lógica que corta todos los procesos
rutinarios del pensamiento y salta directamente del problema a la
respuesta".*

-Robert Graves

Por mi propia experiencia, a menudo he confundido mi intuición con el miedo. Puede resultar confuso y es importante conocer la diferencia. Después de todo, no quiero que desaproveches tu oportunidad perfecta por miedo. Porque erróneamente has sentido que hubo una advertencia intuitiva que te impidió avanzar en esa dirección.

La intuición puede reconocerse como una guía interna, una especie de conocimiento. O podría decirse que es una brújula interna. Usamos términos como "corazonada", "un presentimiento", "solo un sentimiento" e "instinto" para describir la forma en que la intuición influye en nuestro comportamiento. La intuición conduce hacia un camino que nos hace sentir cómodos, aunque no estemos seguros.

El miedo o la emoción negativa por otro lado, pueden expresarse a través de una respuesta física como la agresividad, la sudoración, la adrenalina o un corazón acelerado. El miedo puede hacernos escapar, escondernos-evitar, y dicta una decisión que nos hace sentir aliviados como si acabáramos de sobrevivir a una amenaza a nuestra propia existencia.

No me malinterpretes, una repentina oleada de intuición puede sentirse fuertemente como miedo y ciertamente debe ser analizada. Pero comprender la diferencia es importante si realmente queremos acceder correctamente a nuestra intuición.

Además, trata de no usar tu intuición si estás usando demasiado tu cabeza porque entonces estarás usando tu ego y tu intuición no podrá manifestarse. Por lo general, este es un lugar de miedo-por lo que no es un buen momento ya que será demasiado reactivo. En su lugar, usa tu intuición cuando estés tranquilo, sin prisas y ten tiempo para pensar las cosas.

"Una mente tranquila es capaz de escuchar la intuición sobre el miedo".

Te recomiendo que mejores el acceso a tu intuición. Sin embargo, antes de que puedas mejorar el acceso a tu intuición, primero debes poder escucharla dentro del ruido de tu ajetreada vida. Necesitas reducir la velocidad y escuchar, lo que a menudo requiere soledad. Sería de gran ayuda si se tomara un tiempo lejos de sus ocupaciones diarias, incluso algo tan breve como salir a caminar para aumentar el volumen de su intuición.

Aquí hay tres métodos que creo que son los más efectivos para mejorar el acceso a su intuición.

1. Practica la atención plena

    Atención plena significa concentrarse en estar en el momento. Atención plena es una gran técnica para filtrar todas las distracciones en tu entorno y tu cerebro. Cuando haces eso, puedes escuchar tu intuición fuerte y clara.

2. Confía en tu instinto

    Investigaciones han demostrado que la emoción y la intuición tienen una presencia física en nuestro intestino. El intestino está revestido con una red de neuronas y a menudo se lo conoce como el "segundo cerebro". Se lo conoce como el sistema nervioso entérico (ENS) y contiene alrededor de cien millones de neuronas. Es más que la médula espinal y el sistema nervioso periférico (SNP), pero menos que el cerebro. Esta es la razón por la que nos "enfermamos" por tener que tomar una decisión difícil o saber que hemos tomado una mala. Tu instinto de confianza no solo es esencial en una situación tensa, sino también tu entrenador diario. Muchos de nosotros hemos olvidado cómo escuchar nuestra intuición y confiar en nuestras entrañas.

3. Utilice bien el tiempo de sus sueños

    Cuando soñamos, nuestro cerebro procesa la información que nos sobra del día. Los sueños están repletos de información valiosa, como aprendizajes, experiencias y recuerdos. Prestar atención a nuestros sueños puede proporcionar información a la que quizás no tengamos acceso cuando estamos despiertos. Por lo tanto, antes de irse a dormir, es esencial que dirijas tus pensamientos a cualquier problema no resuelto y piense en posibles opciones o soluciones mientras se está quedando dormido. Cierra los ojos y deja que tu cerebro haga el resto.

"Presta atención a tus sueños. Es posible que le estén diciendo cosas que necesitas saber".

Hazme un favor y a partir de ahora disfruta de tu intuición. La razón principal por la que algunas personas son más intuitivas que otras es que escuchan su intuición en lugar de ignorarla o dudarla. Mucha gente de la sociedad actual tiene esta loca idea de que ser intuitivo significa ignorar su mente analítica y sus habilidades de pensamiento crítico, pero no es así. Existe una diferencia entre usar la razón como un sistema de control y usarla para ir en contra de lo que su intuición sabe que es verdad.

Aprendamos a honrar y disfrutar la sabiduría de nuestro regalo olvidado.

"La mente intuitiva es un regalo sagrado y la mente racional es un sirviente fiel. Hemos creado una sociedad que honra al servidor y se ha olvidado del regalo".

- Albert Einstein

Confianza

La confianza es hermosa sin importar su tamaño, sin importar su peso. Confía en quién eres y serás hermosa. Tu piel no es de papel, así que no la cortes. Tu cara no es una máscara, así que no la cubras. Tu tamaño no es el de un libro, así que no lo juzgues. Tu vida no es una película, así que no la termines. Eres hermosa. La belleza no tiene nada que ver con la apariencia. Se trata de cómo eres como persona y cómo haces que los demás se sientan consigo mismos.

Eres hermosa sin importar lo que digan los demás. Las palabras no pueden derribarte. Un rostro hermoso no significa nada sin un corazón hermoso. Eres imperfecta e inevitablemente, defectuosa y sin embargo, eres HERMOSA. Cuando te digo que eres hermosa, no me refiero solo a tu apariencia. Me refiero a todo tú. No necesito conocerte para saber que eres hermosa/o. Sin embargo, si tú no sabes que eres hermoso conociéndote a ti mismo, entonces nos falta mucha confianza.

La confianza es una creencia en uno mismo, la convicción de que uno tiene la capacidad de afrontar los desafíos de la vida y triunfar y la voluntad de actuar en consecuencia. Tener confianza requiere un sentido realista de las capacidades de uno y sentirse seguro en ese conocimiento. Proyectar confianza ayuda a las personas a ganar credibilidad. A dar una buena primera impresión, lidiar con la presión y abordar desafíos personales y profesionales. También es un rasgo atractivo, ya que la confianza ayuda a que los demás se sientan cómodos.

La confianza no es una característica innata y fija. Es una habilidad que se puede adquirir y mejorar con el tiempo. La confianza social se puede desarrollar practicando en entornos sociales. Las personas pueden observar la estructura y el flujo de cualquier conversación antes de saltar. Pueden preparar preguntas o temas para discutir con anticipación.

La ansiedad puede afianzarse cuando las personas están plagadas de dudas sobre sí mismas. Por lo que ponerse y acostumbrarse a la situación específica que temen puede asegurar a las personas que no sucederá nada realmente malo. Y la actividad se vuelve más fácil con la práctica. Fuera de un contexto social, uno puede ganar un sentido de confianza de los logros personales y profesionales. Continuar estableciendo y cumpliendo metas puede permitir creer que uno es competente y capaz.

Tener confianza significa saber que puede manejar el resultado emocional de lo que sea que enfrente. Comience reconociendo cada emoción, incluidas las emociones difíciles, en lugar de evitarlas. Hablar por sí mismo, limitar la autocrítica y otras estrategias puede ayudar a desarrollar la fuerza emocional y la confianza. Las personas suelen recibir información contradictoria sobre cómo lograr la confianza en sí mismos. La confianza parece tener una cualidad amorfa, lo que hace que el concepto sea difícil de comprender y aún más difícil de enseñar. Pero ten la seguridad de que se puede hacer. Desarrollando la confianza, se puede aprender y actuar.

La confianza se desarrolla cuando tienes un sentido profundo de que puedes manejar el resultado emocional de cualquier cosa que enfrentes o persigas. Otra forma de decirlo es que la confianza es la sensación sentida de una actitud de "puedo hacerlo".

A lo largo de mis años trabajando con pacientes, enseñando y ahora con mis clientes, he identificado seis formas en que la gente genera confianza, y cinco de ellas se pueden practicar a diario. Confiar en que eres emocionalmente fuerte es la base, seguido de hablar, actuar, acabar con la autocrítica y absorber cumplidos.

1.   El primer paso es permitirse ser consciente, experimentar y moverse a través de toda la gama de sentimientos-tanto agradables como desagradables. A la mayoría de nosotros nos va bien con los sentimientos agradables, pero podemos distraernos con los desagradables. La clave aquí es que estás eligiendo la conciencia, o "saber lo que sabe", en lugar de evitar y "tratar de no saber lo que sabe". En este caso, significa lidiar con ocho sentimientos desagradables: *tristeza, vergüenza, impotencia, ira, vulnerabilidad, humillación, decepción y frustración.* Permítete avanzar hacia el dolor y lidiar con los sentimientos que resultan de la decepción. Desarrolla la fuerza emocional. Cuando eliges estar consciente y en contacto con la gama completa de lo que experimentas, es muy centrado, arraigado y pacífico, y te sientes más fiel a ti mismo. Este es el comienzo para generar confianza.

2.   El segundo paso es hablar o expresarse con discreción y de una manera positiva, amable y bien intencionada al decir la verdad sobre lo que experimenta. Es decir lo que necesita decir, con quién desea hablar, en el momento que lo necesite. Piense en la frecuencia con que

la terapista o personas cercanas a ti te piden que hables y te desahogues. Hay una buena razón por la que te aconsejan que lo hagas. Cuando dices tú verdad bien intencionada, encontrarás que hablar le da un gran impulso a tu confianza porque te ayuda a vivir de manera más auténtica.

3.   El tercer paso es tomar acciones que te muevan hacia sus metas, incluso si parece difícil asumir esos riesgos. Al hablar y actuar, no se trata de tener confianza y luego hablar o hacer algo positivo; en cambio, es a través del habla y la acción que desarrolla la confianza.

4.   El cuarto es acabar con la autocrítica dura o el diálogo interno negativo. Este comportamiento no solo genera dudas, sino que también puede robarle la voluntad de perseguir sus metas. A pesar de las creencias de algunas personas de que ser malo consigo mismo ayuda a motivarles. Lastimarse con pensamientos y palabras es profundamente dañino. Cuando sientas la tentación de menospreciarte a tí mismo, usa tu conciencia de esta tentación como una señal de que algo más difícil de conocer o de soportar está tratando de darse a conocer. Luego, pregúntate: ¿Por qué es difícil para mí conocer o soportar? Cualquier conocimiento que surja puede ayudar a guiar sus acciones futuras.

5.   Aunque muchos de nosotros nos inclinamos a rechazarlos, el quinto paso es aceptar los cumplidos genuinos que recibe. Los cumplidos actúan como un espejo y reflejo de ti mismo. A medida que te permitas asimilarlos, pueden ayudarte a instalarte en ti mismo, quizás permitiéndote ver que ya eres la persona en la que quieres convertirte.

Estas acciones pueden aumentar tu confianza: la profunda sensación de que puedes manejar el resultado emocional de lo que sea que enfrentes o quieras perseguir.

~"Las personas que tienen problemas de confianza solo necesitan mirarse en el espejo. Allí se encontraran con la persona que más los traicionara".

-Shannon L. Alder

Intimidación

Para aquellos que lo pasaron mal en su infancia. Para aquellos que son o fueron acosados. Hay mejores personas en el mundo, no dejes que lo peor te haga ser lo peor. Te mereces lo mejor en la vida. A veces, todo lo que necesitas es que alguien esté allí por ti. Si no tienes a esa persona especial, pues crea tu propia familia. Aunque sea una personita que no pueda resolver tus problemas, el solo hecho de saber que hay alguien allí por ti a quien le importas puede marcar la diferencia en tu vida.

Voy a nivelarme contigo. Odio la intimidación y haré todo lo posible para evitar que sea algo común. La gente comparte mi punto de vista sobre este tema y cree que debería ser una de las principales prioridades para monitorear. Pero yo no comencé a creer en lo que hago porque todos los demás lo hicieron, o porque fui testigo de cómo sucedió. ¡NO! ¡Yo lo experimenté! Fui una víctima. Quiero hablarles sobre qué es el acoso escolar, de sus efectos y algo de mi historia. Espero que los deje con un poco más de conocimiento de sobre mí. Un poco más de conocimiento sobre qué es y cómo prevenirlo.

¿Pueden imaginarse a una niña, con una estatura hermosa, una sonrisa hermosa, una tez excelente y un bolso caminando hacia estas enormes puertas de la escuela? Estaba llena de anticipación, asombro, felicidad, entusiasmo, motivación y coraje. Parece una niña con un futuro muy brillante, ¿no es así? Poco sabía ella que no se quedaría así por mucho tiempo. Desde el momento en que entró por esas puertas. Desde el momento en que habló con la primera persona, la atacaron instantáneamente y no supo por qué.

Ella no lo pidió y no hizo nada para merecerlo. Se convirtió en el centro de cada pelea y cada palabra de odio y burla. Le dijeron que no valía nada. Le dijeron que era gorda, fea, molesta, estúpida y demasiado alta para ni siquiera encajar. Le dijeron que no pertenecía a este mundo. Le dijeron que debería terminar con su vida. Que no era nada. Le dijeron que no debería intentarlo porque era un fracaso y nunca podría lograr nada. ¡Esta niña tenía 11 años! Sin embargo, estas palabras y acciones dejaron una huella muy distinta en su mente durante años. Esa chica ahora tiene 36 años. Esa chica soy yo.

Comenzó en la escuela primaria. Jane S. Roberts y continuó hasta la escuela secundaria. Hasta que finalmente se volvió demasiado. Tan insoportable que comencé a actuar como una tonta. Como si no entendiera nada en la escuela solo para salir e ir por mi GED. Y desafortunadamente tampoco se detuvo allí. Continuó durante el resto de esos años. Esa fue toda mi vida en la escuela primaria. ¿Cómo recuerdan su último día de escuela? Probablemente llorando porque extrañarás a todos y riéndose de todos los recuerdos pasados. Pues yo pasé mi último año escolar en los baños escondida. Sentada en el pupitre comiendo mí almuerzo porque me sentía amenazada. Avergonzada de caminar fuera de esas puertas y enfrentar las duras y crueles palabras que los demás me decían.

¿En qué mundo enfermo y cruel son menospreciados los niños hasta el punto de que se esfuerzan por esconderse? Tienen que hacer todo lo posible para esconderse y hacer un esfuerzo para no ser vistos porque están muy asustados en su propio entorno. Estas personas, no sabían cuánto me estaban lastimando. Cuánto me estaban afectando. Estos matones no entienden que lo que dicen realmente lastima a esa persona, ya sea que lo demuestre o no. ¿Cómo podrían saber qué está sintiendo esa persona o por lo que está pasando? No lo sabes todo. Se necesita un cierto nivel de humildad para decir realmente; ¡De hecho, eso no me gusta y me está matando! No tenía ni una pizca de confianza.

He pasado los últimos tres años recuperando mi confianza. Después de lo que pasé, ya no creía en mí misma. Pensé que no valía nada y comencé a creer lo que esas personas decían sobre mí y ahí es cuando comienza. Cuando empiezas a creer lo que dicen, es cuando empieza la depresión. La ansiedad y el odio a sí mismo. Está comprobado que cuantas más veces te dicen algo, más empiezas a creerlo. Estos niños son atacados todos los días. Es decir; los 365 días del año que estos niños se ven obligados a levantarse y enfrentar esta crueldad. ¡Eso es increíble! La cantidad de determinación a la que tienen que adaptarse cada día solo para superarlo.

Quiero que sepas que esto no es algo para jugar. Mira lo serio que es. Les aseguro que el 98% de ustedes (sin excluirme) se han burlado de alguien en su vida. ¿Qué pasa si la persona a la que te burlas es la persona que está pensando en suicidarse? La gente piensa que la intimidación es difícil, no es difícil. Si quieres saber qué es difícil, acércate a la gente de la que te burlas y dile que lo sientes. Acércate a las personas que se burlan de ti y di por favor detente. Eso es duro. ¿Qué número de suicidios deben ocurrir antes de que la sociedad se dé cuenta de que el acoso mata a la gente? ¿Cómo llegamos a las personas que están derribando a otros? No es gracioso y no es un juego.

Afortunadamente estoy agradecida de tener mi sistema de apoyo. Aprendí que tengo personas allí para mí que se preocupan por mí y que me ayudarán a salir de ese límite. Debido a esas personas a las que llamo amigos y familiares, todavía estoy aquí. ¡Porque tengo a mis hijos, sigo aquí! Nosotros, como comunidad, debemos ser esa red de apoyo para estos niños y estos estudiantes que no pueden hablar por sí mismos. Necesitamos hacer el cambio. El acoso ocurre mucho más de lo que debería, pero siempre tienes el poder de marcar la diferencia. Si alguien está solo en tu lugar de reunión, ¿te ofrecerás ser su amigo? Si alguien es empujado hacia abajo, ¿lo volverás a levantar? Si una amiga está triste por un mensaje de texto o mensaje cruel, ¿le enviarás algunas palabras amables para hacerla sonreír? Si alguien te menosprecia, ¿le creerás o elegirás creer en ti mismo?

Por favor, te lo ruego, ten cuidado con las palabras que le dices a otra persona. Lo que pensamos que es divertido o genial, puede terminar siendo muy doloroso. Se necesita diez veces más tiempo para recuperarse que para desmoronarse. Espero que las personas que han sido consideradas matones estén leyendo esto y se den cuenta de cuánto dolor infligiste a las personas que te rodean. Para aquellos que han sido víctimas y han caído en depresión, pueden superar esto. Prometo que las cosas mejorarán. Lo hicieron por mí y pueden por ti. No dudes en defenderte a ti mismo y en lo que crees. Si nos unimos, podemos detener el creciente nivel de acoso. Podemos ayudar a todas las generaciones a mejorar y enseñar al mundo a ser amables entre sí y a respetar a los demás o a quienes son.

El fin del acoso comienza contigo. Recuerda que siempre hay alguien que te ama y te amará con todos tus defectos y con todos los problemas por los que has pasado. Si estás deprimido, no lo ocultes. Encuentra a alguien en quien confíes, avísale y deja que te ayude. (¡Hazlo!). Mostrar emociones no significa que seas débil. Significa que eres humano. No cambies quién eres por nadie.

Sé parte de lo positivo y no de lo negativo. Habla y difunde amabilidad.

~"Nunca te dejes intimidar por tus desafíos. No importa lo duro que sean, ellos se inclinaran a tu destino."

Mi elección es ser feliz, ¿Cuál es la tuya?

"Parece que nada tiene sentido"

¿Qué no tiene sentido?

"La vida y todas las cosas injustas, no me importa estar viva o muerta"

¿Pero por qué? Si estás aquí.

"No he estado aquí por mucho tiempo. Les miento a todos actuando como si todo estuviera bien, pero... "

¿Pero qué?

"No estoy feliz. Nada me entusiasma; nada me hace sentir bien. Estoy cansada, siempre tengo sueño. Puedo dormir más de 16 horas y todavía me siento cansada"

¿Sabes por qué?

"Si supiera por qué no estaría aquí"

Te has atado al pasado, en lugar de perdonarte y ser comprensivo contigo mismo. Te estás llenando de pensamientos negativos y miedo. Entonces, ¡cambia tus pensamientos!

"Pero no importa cuánto lo intente, siempre están ahí"

Esa es la elección que hiciste. Eres tu propia víctima. Solo cuando aprendas a controlar tus pensamientos, es cuando tu vida cambiará. ¡Hasta luego, adiós!

"¡Nooo, no te vayas! ¡Ayúdame!"

Me encantaría, pero solo tú puedes tomar esa decisión.

~*"Amar es encontrar en la felicidad ajena tu propia felicidad."*

Harta de estar enferma

El otro día caminaba por la calle preguntándome lo mismo una y otra vez.

¿Cómo puedo ser feliz?

La realidad es que estoy tan harta de estar enferma que no soy feliz. ¿Dónde está la felicidad? ¿Cómo puedo encontrarlo? ¿Por qué no lo he encontrado todavía? De repente, lo vi. Estaba justo enfrente de mí. La felicidad es como una mariposa. Cuanto más la persigues, más elusiva se vuelve. Ahora, si prestas atención a otras cosas, se sentará en tu hombro cuando menos lo esperes. Por eso quiero que prestes mucha atención a la historia.

Había una vez un hombre que dedicó su vida a encontrar la felicidad a través del dinero. Cuando llegó al final de su vida, fue a cobrar su fondo de jubilación. Este fondo de jubilación estaba asegurado, nadie se lo podía quitar. Esa misma noche recibió la noticia de que se estaba muriendo. ¿Qué uso tenía ahora su dinero? ¿Dónde dejó la felicidad? Sin felicidad y sin paz. Seguro, muchos de ustedes dirán que era feliz a su manera. Pero si ha tenido altibajos y ha conocido a todo tipo de personas, sabemos que la felicidad no se logra mientras se busca.

¿Quieres saber cómo se logra la felicidad? ¿Quieres que te revele el secreto?

La felicidad se alcanza cuando dejas de buscarla. Cuando te das cuenta de que todavía tienes oxígeno para respirar, descubres que siempre estuvo presente. La felicidad siempre estuvo ahí. Cuando dejes de lado tu ego y tu búsqueda constante de la felicidad notarás lo que es realmente importante en la vida.

Sí, tengo problemas de salud. Tengo dificultades para hacer lo que puede hacer una persona normal sin problemas de salud. Pero todo lo que me escucho decir ahora es que TENGO. Sentada en el hospital y siendo testigo de lo que alguien más perdió me hizo dar cuenta de lo feliz que siempre he sido. No estamos jugando a un juego de mesa. Lo que significa que solo tenemos una vida, así que vivámosla al máximo. Aquellos que no tienen mucho nunca se quejan y siguen adelante con esperanza en lugar de quejas. Siempre que te sientas deprimido o infeliz, vuelve a leer este pasaje y obtén el valor para continuar. ¡Tú puedes!

~No sabes lo fuerte que eres hasta que ser fuerte es la única opción que te queda.

-Terapias En Sesiones

Tú puedes hacer cualquier cosa

Siempre me he dicho, ¿qué no puedo hacer? Crecí creyendo que podía hacer cualquier cosa. Que puedo lograr cualquier cosa gracias a todo lo que vi en mi hogar. ¡No todo el mundo sale bien, sabes! y tampoco siempre es tu culpa. Necesito que dejes de culparte por cosas sobre las que no tenías control.

Tuve una gran infancia, pero mis padres nunca creyeron en mis sueños. Eso no los convierte en padres malos, al contrario-solo significa que tenían otro enfoque. Algunos niños se crían en las peores condiciones y sin embargo, resultan ser las personas más respetuosas de la vida. Mientras que algunos se crían con todo. Como con ambos padres. La mejor educación, riqueza y sin embargo resultan ser de lo peor. Increíblemente puede que no sea culpa de los padres.

El punto es que eres lo que dices que eres. Debes creer en ti mismo sin tener en cuenta lo que los demás digan o piensen de ti, incluidos familiares y amigos. La educación es necesaria, lo sé. Pero incluso sin ella ay personas que han llegado tan lejos en la vida, porque tenían esa única cosa que realmente necesitas en ti para ser capaz de lo que sea. ¡Una meta! Mis padres no captaron mis sueños. Pero bueno, de todos modos ellos no son cazadores de sueños. Igual eso no significa que no pueda lograrlos. Mis padres tenían una tarea hasta que cumplí cierta edad. En ese punto soy mi propia responsabilidad. Entonces, ¿qué pasa contigo? ¡Vamos, levántate y anímate! No necesitas dinero, un coche ni nadie que crea en ti. Lo único que necesitas es creer en ti.

Si quieres una novia, ¡invítala a salir!

Si quieres un hombre, ¡invítalo a salir!

Si están con alguien, espera. Si tienes la paciencia y está destinado a ser para ti, romperán. Si no se separan, ve al próximo candidato. (Estarás bien. No estaba destinado a ser para ti) no siempre tomamos las mejores decisiones.

Si quieres dinero, ¡consíguelo! Quiero decir, todos tenemos que trabajar para lograrlo.

Si no tienes auto, ve caminando o en bicicleta, o como sea, pero hazlo. ¡Te encantará el resultado!

Mi coche se incendió el día de mi cumpleaños hace dos años, así que no tengo coche. Mi teléfono celular está continuamente desconectado. Soy una orgullosa madre soltera de dos. ¡Vivo el día a día y me encanta! También disfrutarás atravesando tus obstáculos si crees en ti mismo. ¡Créeme! Si deseas un trabajo específico, simplemente solicítalo. Si no están contratando, vuelve una y otra vez hasta que lo hagan. Cree que te contratarán, ya que entre el proceso aparecerá algo mejor. Así es simplemente como funciona y como siempre sucede. La conclusión es que eres capaz de cualquier cosa. Cree en ti mismo como yo creo en mí. Gracias a eso me puedo parar hoy. Soy una prueba viviente.

Repite estas palabras en voz alta: *¡Soy capaz de hacer cualquier cosa!*

Quien le hable a sus instintos, habla con los secretos más profundos de la humanidad y encuentra la respuesta irradiada.

~"Para aquellos que creen, no se necesitan pruebas. Para aquellos que no creen, ninguna prueba es posible. Haz que la vida siga adelante, mirar hacia atrás es solo para viajeros del tiempo".

Chicas de piel morena

La forma más común en que las personas renuncian al poder es pensando que no tienen ninguno. El éxito es agradarte a ti mismo, gustarte lo que haces y gustarte cómo lo haces. Fui construida de esta manera por una razón, así que lo voy a usar. Soy feminista, y lo que eso significa para mí es muy parecido al significado de que soy negra. Significa que debo comprometerme a amarme a mí misma y respetarme como si mi propia vida dependiera del amor propio y el respeto por mí misma. Una de las lecciones con las que crecí fue que siempre debes mantenerte fiel a ti mismo. Nunca dejes que lo que otra persona diga te distraiga de tus objetivos.

Cuidarme no es autocomplacencia, es auto conservación. Si les damos a nuestros hijos un amor propio sólido, podrán lidiar con cualquier cosa que la vida les depare. Necesito ver mi propia belleza y seguir recordando que soy suficiente. Que soy digna de amar sin esfuerzo, que soy bella. Que la textura de mi cabello, el tamaño de mis labios, el color de mi piel y los sentimientos que tengo son dignos y están bien. Tenemos tanto que llegar como hermanas que les pregunto... ¿Cuándo se ha puesto en primer plano nuestra luz interior?

Constantemente queremos cuidar de la gente, pero no cuidar demasiado de uno mismo no es algo bueno. El cuidado personal es una prioridad y tenemos que hacerlo mucho más. Nunca dejes que nadie hable sobre el color de tu piel. Si lo hacen es solo porque brillas como un diamante. Debido al hermoso color que llevas cuando estás en una habitación, ellos te notan. Eres una especie hermosa.

Entonces, si haces que los demás se sientan incómodos, nada; igual siempre amaré quien soy y tú también debes de hacer lo mismo. Déjame recordarte que sin negro ningún color tiene profundidad.

~Piel morena;

Ref: Todo lo hermoso, lindo y bueno.

Cómo necesitas empezar tu día

Lo notable de la vida es que tenemos una opción todos los días con respecto a la actitud que adoptaremos en el día. No podemos cambiar nuestro pasado. No podemos cambiar el hecho de que las personas actúan de cierta manera. No podemos cambiar lo inevitable. Lo único que podemos hacer es jugar con lo único que tenemos y esa es nuestra actitud. Así que ahora te desafío a que aproveches al máximo esta batalla. Vívelo como si fuera el último. No lo gastes negativo y derrotado. Disfruta hoy y no importa lo mal que puedan estar las cosas en tu vida. Siempre hay algo por lo que puedes estar agradecido. Los médicos y psicólogos han demostrado que la actitud que tienes para el día se establece en los primeros ocho minutos. Entonces, ¿quieres estar triste, deprimido, enojado o quieres estar agradecido? Te animo a que lo hagas solo por hoy. Haz un experimento y se realmente agradecido por muchas partes de ti. Agradecido por donde estás ahora en tu vida. Aquí estás. Estas aprendiendo. Estás progresando.

Haz trabajo de espejo. El trabajo con espejos es tan poderoso. Habla contigo mismo en el espejo, no para lastimarte, sino para amarte a ti mismo. Tú tienes el poder. Puedes pensar que estás de buen humor o puedes pensar que estás de mal humor. Puedes pensar que tienes la peor vida del planeta, o puedes mirar a tu alrededor y ver lo bendecido que eres. Cuenta todas las cosas que Dios ha hecho por ti. Observa cómo puedes sentirte feliz y agradecido de repente. Depende de ti lo que pienses. Digo esto todo el tiempo, la felicidad es una elección. Eres tan feliz como eliges ser. Si no está satisfecho es porque está eligiendo ser infeliz. No culpes a tu esposo, a tu esposa, a tus hijos ni a nadie más. Es una elección.

Si tuviste la actitud correcta, puedes disfrutar de todo lo que haces. Puedes disfrutar cortando el césped. Puedes disfrutar manejar un carro. Puedes disfrutar limpiando la casa. No tienes que disfrutar una parte de tu vida y pensar en la otra parte. Puedes decidir y disfrutar de todo lo que haces. ¡De sol a sol te lo garantizo! Cada día de tu vida es un nuevo día. Si quieres mejorar un mal día, ten un gran sueño. No me refiero a ir a dormir, tomar una siesta y tener ese tipo de sueño. Me refiero a ver algo más allá de donde te encuentras ahora. Ten esperanza. Ten una expectativa. Cree que las cosas van a cambiar. Cree que las cosas mejorarán. Aprende a sonreír. Aprende a reír. Disfruta de las cosas simples de la vida. Disfruta justo donde tú estás en la vida hoy. Si te vuelves negativo, amargado y deprimido, eso no empeora las cosas. Simplemente atrae más negatividad, así que, por más difícil que sea a veces, va en contra de la naturaleza humana. Tienes que levantarte por la mañana cuando las cosas no van como quieres, y simplemente encontrar algo por lo que estar agradecido.

Si estamos hablando cosas malas, negativas, degradando cosas, críticas y críticas, nos estamos comiendo esas palabras y se nos van a caer dentro y nos harán infelices. Sin embargo, si hablamos de cosas buenas, cosas agradecidas y cuánto apreciamos lo que Dios ha hecho por nosotros, simplemente nos hace felices. Puedes pensar que estás de mal humor o puedes pensar que estás de buen humor. Es posible que no podamos ayudar a cómo nos sentimos, pero si podemos controlar lo que hacemos.

Sugiero que hablemos mucho en el espejo. A primera hora de la mañana, cuando te levantes, mírate en el espejo y di simplemente, te amo. Empieza a conectarte contigo mismo. Perdónate por el espejo. Habla contigo mismo. Me doy permiso para ser genial. Me doy permiso para vivir con alegría. Yo estoy feliz. ¡Exitosa y próspera!

Pruébelo y cuenta tu historia.

~Levántate, te regalo una nueva oportunidad de vivir.

-Terapia En Sesiones

Tu paz no es negociable

No te permitiré alterar mi paz. No te persigo para saber a dónde vas. Puedo saberlo todo sin tener que moverme de aquí. No necesito revisar tu teléfono para saber que estás hablando con otra mujer. No necesito tocar nada tuyo para saber lo que estás haciendo. Con solo observarte es suficiente. Estoy muy tranquila porque nada ni nadie va a perturbar mi paz. Mi paz no es negociable y mucho menos mi serenidad. Una vez me dijiste que nunca encontraría a alguien como tú y esa es la idea.

Supongo que es cierto lo que dicen sobre envejecer y volverse más sabio. Este año cumplí 36 años y fue el año en que me di cuenta de la importancia de proteger y mantener mi paz. Este año decidí que mi paz no es negociable, y si amenazan con eso, sin importar quién sea, tendrá que producirse un cambio.

Al crecer como religiosa, me enseñaron constantemente a perdonar pero hasta ahí fue que llegue. Solo perdónalos, pon la otra mejilla y luego (espero) olvidar. Ahora que soy mayor, sin embargo, aprendí que cuando alguien amenaza constantemente mi tranquilidad debería perdonarlo, pero no se detiene ahí. ¡Puedo perdonarlos pero también puedo dejarlos ir y fácilmente les digo Adiós!

Honestamente… me enseñaron que eliminar a las personas de tu vida es algo inhumano. Que tiene algo que ver con guardar rencor o con malicia. Pero recientemente, aprendí que sacar a las personas de tu espacio es una de las cosas más sabias que puedes hacer (cuando se hace bien) para proteger tu paz. ¿Por qué debería estar cerca de algo o alguien que sigue enfrentándose a ti? (Alerta: ¡no deberías!)

Si tu vida está sobrecargada, es posible que debas establecer algunos límites. Así que deja de hacer algunas de las cosas menos importantes, las cosas que, sinceramente, no importan tanto. Establece un límite para la cantidad de veces que revisarás las bandejas de entrada, Instagram, Twitter, etc. por día. Y di no, si realmente no tienes tiempo o simplemente no quieres. ¿Haz lo que te funcione? ¿Caminatas largas, música, yoga, meditación o ir a nadar? Descúbrelo y hazlo.

Despeja tu mundo, despeja tu mente. Solo tómate tres minutos para despejar tu círculo; el grupo de amigos o familiares. El espacio de trabajo o la habitación en la que te encuentras. Un espacio ordenado, simplificado y ordenado a tu alrededor aporta claridad y orden a la mente.

Así que no te detengas ahí. Ordena, simplifica y organiza tu hogar y tu vida también para vivir en un entorno más relajante. Ahora es ahora. Si algo negativo del pasado, algo que alguien dijo, algo que alguien hizo todavía está en tu mente, entonces acepta y deja que ese sentimiento y ese pensamiento entren en lugar de tratar de alejarlo.

Cuando aceptas que lo es, comienza a perder poder. Y aunque los hechos pueden estar todavía en su cabeza, los sentimientos negativos se vuelven mucho menos poderosos. En este punto, suelte esa cosa como si estuviera tirando una bolsa de ropa vieja. Y dirija su enfoque al momento presente y algo mejor en su lugar.

Me gustaría que recordaras estas cinco pequeñas palabras que te ayudarán a mantenerte cuerdo: *una cosa a la vez*. Si tienes esas palabras en mente y las dejas guiar durante el día, estarás menos estresado y más concentrado. Eso no solo traerá más paz interior, sino que también te ayudará a hacer un trabajo mejor y más rápido en prácticamente cualquier cosa.

*~"Aquello que no trae calma y serenidad a tu vida, déjalo atrás.
No hay precio más caro que perder la paz."*

No tienes que esperar tanto cuando sabes lo que es correcto

Personalmente yo no juego con el matrimonio, especialmente si hay niños involucrados. Una cosa que noto es que algunas parejas están cegadas por las banderas rojas que surgen durante el primer año de haberse juntado. Todos vemos las banderas rojas que nos dicen que no va a funcionar. Pero los ignoramos con propósitos ambiciosos. Eso es real. A veces es mejor morderlo en el trasero antes de que las cosas empeoren.

Soy mujer. Y pienso que es peor para nosotras por esa intuición femenina. Sabemos si va a funcionar o no. Como seres humanos, algunos de nosotros somos leales y debido a esa lealtad, elegimos no romper algunas cosas. ¿Por qué? ¿Porque juraste para bien o para mal? La parte en la que te confundiste es que debe haber amor en ese juramento. Amor verdadero. Confianza. Muchos de ustedes están dispuestos a quedarse con alguien que traicionó su confianza, solo por miedo. Estás tan aterrorizado que estás dispuesto a aceptar que te traten menos de lo que eres.

No estás solo. Lo que pasa es que nos hemos convencido de que ser irrespetado es mejor que estar solo. Tú tienes el poder. Hay poder en redescubrir tu propia voz. ¿Por qué esperar tanto para liberarte? ¿Por qué su esposo, esposa o hijos han estado viviendo una falsa realidad de felicidad? Eso ya no funciona.

El amor de hoy en día es un contrato. No debería ser así pero así es la vida. Buscamos lo que una persona tiene para ofrecer. Buscamos físico, raza, cultura. ¿Qué pasó con los sentimientos, la conexión y la química? Ejemplo; el cajero del supermercado se acerca a una mujer de buena posición y rápidamente ella aparta la mirada sin siquiera saber que ese hombre podría haberla convertido en la mujer más feliz de la historia. Por eso es que los hombres de hoy día simplemente viven de las mujeres. ¡Ya está hasta de moda!

Pero la cuestión es que sabes lo que es. Sabes si no va a funcionar. Quedarte no va a mejorar nada. Lo que crees que va bien después saldrá mal. Quizás no ahora, pero dentro de 20 años todavía te arrepentirás. Piensa en el futuro. El espacio también es clave para la felicidad. Si eliges permanecer en él, nunca dejes de salir con alguien. ¿No has escuchado acerca de la verdad detrás del dicho; no sabes lo que tienes hasta que lo pierdes? ¿Por qué es que no les damos valor a las cosas que más merecen nuestra gratitud? Hacemos esto tanto con personas como con posesiones. El problema es que muchas personas no se dan cuenta de esto hasta que la situación ha pasado. Le quitamos valor a las cosas a diario. Siempre con el supuesto de que siempre que necesitemos algo, estará allí.

Hay muchas cosas de las que no nos damos cuenta de su verdadero valor hasta que faltan en nuestras vidas. Piense en la tecnología, Internet y su teléfono celular. No te das cuenta de lo vital que es tu teléfono celular para tu vida hasta que tienes que pasar días sin él. Disfruta las pequeñas cosas de la vida porque algún día te darás cuenta de que eran las grandes.

Esto es algo común una vez que una relación llega a su fin. Cuando te vuelves complaciente con tu pareja, es fácil caer en esta trampa. La felicidad no viene como resultado de obtener lo que no tienes, sino de reconocer y apreciar lo que tienes. Si alguien te hizo feliz alguna vez, es muy probable que todavía lo haga. Piénsalo, tal vez estés aburrido de tu rutina familiar, pero eso no significa que deba deshacerte de ella. No pierdas algo que tienes por algo que crees que quieres.

Cuando la gente se separa, es común que se arrepientan. Terminas la relación porque crees que puedes hacerlo mejor. Una vez que estás en el mundo de las citas, te das cuenta de que tenías algo increíble. A veces es muy poco y demasiado tarde y debes aprender de tu desafortunada decisión. Lo que arruina a una persona es intentar estar a la altura de la imagen que creas en tu mente. No existe lo perfecto, solo perfecto para ti.

Entonces, lo que te quiero decir es que aprecies lo que tienes antes de que se convierta en lo que tenías. Lo que tienes ahora fue una vez todo lo que te esforzaste por lograr. El hecho de que algo se vuelva repetitivo no significa que deba ser reemplazado. Piense en lo afortunado que es de tener a alguien con quien poder sentirte completamente cómodo/a. Es un verdadero regalo que uno debe de apreciar en todo momento.

Aprecia todas las cosas que tienes en la vida porque nunca sabes cuándo terminará ese tiempo. Despeja el desorden dentro de tu mente y date cuenta de lo que tienes ahora. No esperes hasta que lo hayas perdido para ver finalmente cuánto lo distes por sentado. No esperes hasta que te des cuenta de que sin él, tu base para sobrevivir cada día comienza a desmoronarse.

Siempre hay alguien más feliz con menos de lo que tienes. Demasiadas veces las personas no se dan cuenta de lo que tienen porque están buscando algo mejor. El problema es que cuando se den cuenta, volverán arrastrándose. Todos caen en la trampa de que la hierba siempre es más verde del otro lado. La gente comete errores, es parte de la naturaleza humana. Si realmente amas a esta persona, puede ser beneficioso para ambas personas darle otra oportunidad. A veces, el espacio hace que las personas aprecien las cosas que alguna vez tuvieron. Debes dejar en claro que perdonas una vez, y solo una vez, y siempre y cuando sea lo que realmente deseas.

Sin embargo, por otro lado, solo puedes querer algo cuando no lo tienes. Si lo tuvieras de vuelta, solo se cansaría de todas las partes malas nuevamente y comenzarías a preguntarte por qué lo querías de vuelta en primer lugar. Cuando pierdes a alguien, tiendes a recordar las partes buenas. Cuando estás con ellos, tiendes a notar las partes malas. Esto es, por supuesto, hasta que encuentres con quien realmente deberías estar, y luego las partes malas simplemente parecen entrañables.

Dicho esto, no dé las cosas por sentado porque es posible que no estén ahí mañana. La cuestión es que muy pocas personas pueden ver el impacto de lo que hacen ahora y cómo se relaciona con su futuro. ¿De qué preferirías arrepentirte: del presente, donde no tienes idea de lo que está sucediendo ya que es en tiempo real y no tienes la más mínima concepción de las consecuencias a largo plazo? ¿O el pasado donde puedes tomarte tu tiempo para ver las cosas como son? La gente comete errores y dejan las cosas que más aman. No aprecian lo bueno que alguna vez tuvieron y, como resultado, se arrepentirán continuamente de su decisión.

La gente quiere constantemente algo más o algo nuevo. A veces las cosas más valiosas son las que han estado con nosotros en todo momento. El hecho de que algo no le esté sucediendo en este momento no significa que nunca sucederá. La felicidad nunca llegará a aquellos que no aprecien lo que ya tienen. Así como no sabes lo que tienes hasta que lo pierdes, igual; no sabes lo que te has estado perdiendo hasta que llega.

~"No somos responsables de las emociones, pero si de lo que hacemos con las emociones."

-Jorge Bugay

Nunca dejes de salir

Nunca dejes de tener citas. Ni siquiera si estás casado/a. Muchas relaciones fracasan porque se vuelven aburridas. Cualquiera de los dos se siente cómodo. Si quieres que tu relación dure con pasión, no puedes ser vago. No puedes ser perezoso porque entonces, ¿cómo muestras amor y esperas que alguien lo sienta?

La gente se acostumbra a la persona que conoció cuando estabas en otro nivel. Quieren sentir eso. No quieren que eso termine. No te conviertas en alguien diferente de quien se enamoró. No puedes perder esa hambre de complacer. Tienes que recordarles una y otra vez las razones por las que se enamoraron de ti. Nunca deberían tener que cuestionar su valor en tu vida.

Permanezca en modo de audición. Te digo que nunca dejes de salir ni siquiera después del matrimonio. ¿Por qué? ¡Necesito que estés "en modo de audición"! Cuando estás saliendo, ¿qué pasa? Haces todo lo que puedes y vas más allá solo para complacer a esa persona, solo para impresionarla. Solo para obtener el amor de esa persona.

Por lo tanto, cuando lo obtenga, no lo cambies.

Tu pareja quiere sentirse deseada, como tú la hiciste sentir en ese entonces. Tu pareja quiere sentirse respetada, como tú la hiciste sentir en ese entonces. Depende de ti mantenerlo apasionado, espontáneo y emocionante. Siempre escucho a las personas decir: "Ya ni siquiera conozco a esta persona".

Debes enorgullecerte de no convertirte en un extraño para la persona que se enamoró de ti. Recuerda la razón por la que te enamoraste de esa persona. No dejes que ninguna distracción te haga olvidar eso. Sean increíbles juntos. Pásenlo bien juntos. Hagan cosas locas juntas. De eso se trata la vida. Concéntrate en las cosas que realmente importan y en lo más importante que es dar amor a las personas que te aman.

Después de años en una relación a largo plazo, es fácil caer en una rutina complaciente que es demasiado cómoda. Después de todo, compartir un cepillo de dientes no es tan sexy. El silencio que experimentan mientras los dos están leyendo en la cama puede demorarse demasiado porque han mantenido una conversación de texto informal todo el día.

Es inevitable que las sorpresas no siempre estén presentes cuando te das cuenta de que tu pareja también se ha convertido en tu mejor amigo después de pasar tanto tiempo juntos durante semanas, meses y años.

Sugiero que las personas deberían estar dispuestas a "salir con ellas mismas". Es decir; date un gusto y siéntete cómodo en la soledad antes de comprometerte a compartir tiempo e incluso una vida con otra persona. Esta lección es claramente valiosa, también se puede extender a aquellas personas que ya están en una relación.

Ya sea que pienses que tú y tu pareja están en una rutina. O si simplemente saben la importancia de que siempre haya mucho más que aprender el uno del otro. Salir con tu pareja es igualmente importante para mantener una relación sana y duradera.

Haz tiempo para las "citas nocturnas" semanales (o incluso bimensuales). Puede parecer un factor estresante adicional cuando dos personas tienen poco tiempo, pero asignar una comida, una actividad o simplemente una hora para que una pareja se reconecte puede tomar algo de tiempo.

Es importante tener ese tiempo en pareja para conectarse, relajarse y simplemente disfrutar de la compañía del otro. Puede sonar demasiado simple, pero las "citas", incluso mientras están en una relación, te recordará el por qué sigues viendo a esta persona en primer lugar.

Salir de la zona de confort, de tu apartamento y vestirte con algo que no sea pijamas servirá como un recordatorio de la persona emocionante que eras antes de volverte mutuamente excluyente.

Cuando te sientes súper cómodo con otro ser humano, eso es algo para celebrar. Así que ¿por qué no convertir en un hábito sacar a tu amor por las noches en la ciudad? Demostrándole a la otra persona hará que se sientan realmente agradecidos de estar en compañía del otro.

Siéntate frente al televisor y mira Netflix todo el día con tu amor, y es probable que la conversación no varíe mucho más que "pásame el control remoto" o que película tan buena. Pero en público, se les puede animar a los dos a que se desvíen hacia los temas más interesantes y sinceros de ese buen debate.

Estando uno frente al otro en una mesa puedes ayudar a mantener un intercambio que no solo es interesante e intelectualmente estimulante. También puedes ayudarlo a aprender algo adicional sobre el otro.

Definitivamente te dará algo de qué hablar. Tu charla en la almohada no tiene por qué limitarse al requisito: "¿Cómo estuvo tu día?" Saliendo con tu pareja te dará más para reflexionar, más de qué hablar, más bromas internas.

Es fácil quedar atrapado en el día a día, o quizás incluso en aspectos más técnicos de su relación, como cuidar un espacio compartido o sus hijos. Pero salir de su rutina típica y experimentar cosas nuevas juntas sacudirá todo eso. Asegúrense de que ustedes dos continúen creando recuerdos que no impliquen simplemente abrazarse solos en el sofá.

Las citas programadas pueden mantener una relación a largo plazo. Pueden servir como recordatorio de que aún pueden divertirse el uno con el otro y compartir cuánto disfrutan los dos saliendo de la casa ocasionalmente.

~"Ama siempre que la vida se encarga de devolverte lo que das."

Por qué es importante retribuir

Todo lo que un ser humano hace por sí mismo es llevado a la tumba el día de nuestra partida. Por otro lado, todo lo que un humano hace por otros lo deja atrás.

Quieres empezar a mirar y desarrollar el pensamiento generacional. ¿Qué es lo que puedo dejar a bordo durante generaciones?

Todos tenemos la capacidad de manifestar grandeza y participar en este juego que se llama vida. Todos tenemos la responsabilidad de devolver algo porque alguien pagó un precio para nosotros poder estar aquí. A medida que comenzamos a mirar hacia el futuro, debemos hacernos la pregunta, ¿qué tipo de legado quiero dejar? ¿Qué tipo de contribución quiero dejar en términos del planeta? ¿Cómo es posible que podamos dar algo hoy que marcará la diferencia mañana?

Piénsalo, ¿qué talento tienes ahora mismo? ¿Qué habilidad? El hecho de que todavía estés respirando significa que aún tu misión no ha terminado. Tu negocio en la tierra aún no está terminado. Tienes algo que dar, todos lo tenemos. Tenemos en nuestras manos el talento, las habilidades, la capacidad y la conciencia para hacer una gran diferencia en la vida y algunos de nosotros ni siquiera lo sabemos.

Quiero que te veas haciendo más. ¿Qué es lo que te gustaría hacer ahora mismo? Si mueres hoy, estas son tres cosas que pueden decir que ayudaste a crear para hacer un mundo mejor. Haz hecho un sacrificio. Haz contribuido. Haz estado ahí para otros cuando te han necesitado. Ninguno de nosotros lo hacemos por nosotros mismos. ¡Créeme, es un hecho, y una lástima!

¿En qué causa te puedes involucrar? ¿Cómo es posible que puedas devolver algo? Sabes, creo que cuando has enfrentado dificultades y desafíos reales en la vida, es cuando realmente puedes apreciar la retribución. Es entonces cuando realmente puedes apreciar compartir quién eres porque le das a tu vida un tipo de poder especial. Creo que las personas que marcan la mayor diferencia en la vida son las personas que dan. He visto personas que no tienen, que ni siquiera pueden darse el lujo de dar y dieron lo que tenían e hicieron lo que pudieron. Siempre podemos dar algún tipo de excusa o justificación para no dar lo mejor de nosotros. En ese momento es cuando comenzamos a analizar las condiciones que existen en la sociedad. Ahora más que nunca necesitamos que las personas, hombres y mujeres den un paso adelante y tomen una posición para marcar la diferencia.

Quiero que te preguntes, ¿qué represento? ¿Qué tipo de postura puedo tomar con mi vida en este momento que haría una gran diferencia? Creo que la razón por la que la mayoría de las personas pasan por la vida siendo espectadores y receptores en lugar de donantes es porque tienen una visión limitada de sí mismos. No pueden verse a sí mismos marcando una diferencia. Realmente no importa cuán grande sea el problema. No importa cuán desastrosas parezcan ser las cosas. Los seres humanos tienen la capacidad de tomar las circunstancias más desastrosas y hacer algo positivo, poderoso y significativo de ellas. Mira tu vida en este momento y pregúntate cómo es que puedo devolver algo. ¿Para qué estoy yo? ¿Cuál es la filosofía de mi vida? ¿En qué creo realmente? ¿Por qué creencia estoy dispuesto a dar mi vida?

Encuentra algo que le dé sentido a tu vida. Creo que vivimos en un gran país que nos permite contribuir. Nos permite marcar la diferencia. Estamos aquí y estamos experimentando una gran cantidad de beneficios porque alguien en algún momento hizo un sacrificio supremo. Todos tenemos la responsabilidad y la obligación de devolver algo. Piensa en lo que puede ser un activo. ¿A quién puedes ayudar? ¿Qué bien puedes aportar?

¿Cómo es que te has estado reprimiendo a ti mismo y a la vida? Apareciste para hacer algo. No eres un accidente. Tienes algo para dar. Simplemente encuentra alguna causa en la que puedas comenzar a tomar partido.

¿Qué es lo que estás devolviendo? ¿Qué tipo de regalo estás creando en este momento? ¿Cuál es tu legado?

~"La solidaridad no es dar por caridad, sino preocuparse por intereses comunes, y porque nadie se quede atrás."

Al igual no te importa

Solo aquellos que realmente se preocupan por ti pueden escucharte cuando estás en silencio. La comprensión es más profunda que el conocimiento. Hay muchas personas que te conocen, pero muy pocas que te entienden. En el momento en que empiezas a preguntarte si te mereces algo mejor. ¡NO LO DUDES!

Tengo una confianza en mi vida que proviene de estar parada sobre mis propios pies. No puedo empezar a decirte lo que debes hacer. Nuestra vida es una serie interminable de elecciones y decidimos quiénes somos a través de esas elecciones.

Acepto el hecho de que no le agradaré a todo el mundo, y mucho menos que se preocuparan por mí. Decidí hace mucho tiempo que no me importa en absoluto cuál sea la opinión que alguien tenga de mí personalmente. Con esto quiero decir que no permito que la opinión de nadie me toque a nivel emocional, por lo que no afecta mi bienestar o felicidad.

Escucharé atentamente tus opiniones, especialmente las negativas, pero lo haré desde una perspectiva imparcial. Como si estuviera en una conferencia en la escuela. Bien puede haber algo que digan en lo que valga la pena pensar. Después de todo, todos tenemos aspectos de nosotros mismos que estamos demasiado cerca para ver en nosotros mismos. Cosas que podrían ser una forma de mejorar quiénes somos.

No es difícil no preocuparse de la opinión de una persona crítica y sin embargo, preocuparse por ella como persona.

Todavía les deseo lo mejor y no les deseo ninguna mala voluntad. Tiendo a creer que ya tienen suficiente que superar y que probablemente no estén muy contentos consigo mismos, por lo que juzgan el valor y los comportamientos de los demás en lugar de los propios.

Me siento triste por estas personas pero no me dan lastima ya que han elegido ser como son. Son lo suficientemente adultos para distinguir el bien del mal y la bondad de la crueldad. "No tenemos por qué estar alrededor de estas personas". Si no te gusta la actitud y la personalidad de las personas que actúan como si no se preocuparan por los demás, o tal vez no te gusta cómo te hacen sentir cuando se dirigen directamente a ti, entonces; ¿para qué tenerlos cerca? ¿Acaso deseas convertirte en uno de ellos? Esta es la pregunta que te estás haciendo después de todo.

Si eliges unirte a ellos solo quiero que sepas que si alguna vez nos reunimos, si decides mostrarme lo poco que te preocupas por mí, no alterará el hecho de que probablemente me preocupe aún más por ti cuando nos separemos. Estaré triste por toda la alegría que extrañare o alejarás de mi vida porque no te importó.

Nunca me importará tu opinión sobre mí, pero siempre me preocuparé por ti, tu salud y tu bienestar. Hay suficiente tristeza sin crear la nuestra deliberadamente.

Buena suerte mi amigo. Camina tu camino solo durante toda tu vida, ya que es único para ti. Trata de convertirte en el tipo de persona con la que disfrutarías caminar y hacerle compañía en su viaje.

Espero haberte ofrecido aunque sea una pizca de un pensamiento que valga la pena contemplar.

Sé *tú yo más fuerte*

Hay muchas formas de alcanzar la grandeza. Ninguno de ellos es fácil. Para nadie. Pero hay una verdad para todos nosotros. Valdrá la pena. Nadie eres tú y ese es tu súper poder. Rodéate de personas que te empujen a ser tu mejor yo.

Eres tu propio aliado para convertirte en tu yo más fuerte. Observa tus reacciones "predeterminadas" inmediatas: sus pensamientos, sentimientos y reacciones impulsivas más frecuentes al estrés y la presión. Tómate unos días para identificar qué hábitos reactivos necesitas actualizar para adaptarte a tu visión, habilidades, valores y desafíos actuales.

Recuerdas cómo te sentiste cuando ayudaste a un amigo a sobrellevar un evento estresante o desgarrador. Observaste su problema desde la distancia y cambiaste el papel de un amigo sabio a compasivo. Haz esto por ti mismo y experimenta el poder de observar con calma los viejos hábitos y pensamientos de tu Yo más grande y fuerte sin identificarte con ellos.

Recuerda la sensación de jugar en la zona, a niveles mucho más allá de lo que tu ego sabe lograr. Juega y trabaja consistentemente en la zona conectando tu sentido limitado de ti mismo con el resto de tu cerebro y cuerpo. Trabaja solo con todas las partes de ti mismo integradas en el todo más grandioso que es tu Ser más Fuerte.

Observa cómo los "deberes" y la autocrítica conducen al estrés y la ansiedad. Reemplaza todas las auto amenazas con un mensaje que te haga sentir seguro contigo mismo. Dite a sí mismo: "Independientemente de lo que suceda, no me haré sentir mal. No dejaré que ningún evento o persona determine mi valor".

Etiquete sus niveles de estrés en una escala del uno al diez (donde "uno" significa seguridad y "diez" es el peor estrés). En una o dos semanas, tu cuerpo se calmará rápidamente cuando diga, por ejemplo, "Es solo un tres. No moriremos. Puedo vivir con esto. Es seguro detener la respuesta al estrés".

Considere que muchas formas de vergüenza y depresión pueden ser mecanismos de supervivencia ancestrales (cerebros de mamíferos) para evitar que luchemos en situaciones en las que no podemos ganar-y para mantener la estructura social como inclinarnos ante los que están en el poder. Use su nuevo cerebro humano para mantener su valor, considere sus valores más altos y anule cualquier reacción arcaica del cerebro inferior que ya no encaja.

Utiliza los síntomas de la dilación, la ambivalencia o la indecisión. El conflicto interno entre dos partes primitivas, "Tienes que" versus "No quiero" para evocar la capacidad única de tu nuevo cerebro humano para elegir qué hacer y asumir la responsabilidad por las consecuencias.

Cambia el "No sé" por "Me pregunto qué se me ocurrirá". Ponte atento/a a la sorpresa cuando el lado creativo de tu cerebro comience a trabajar para llevarte de "no saber" a "saber".

Amor propio  

~"Si no vez tu propio valor, elegirás tener a tu alrededor personas
que tampoco lo ven".

Todo lo que estás pasando es porque Dios te está preparando para lo que pediste.

Conozco a una mujer que me dice que está esperando que Dios le envíe al hombre de su vida, pero estaba saliendo con un hombre casado. Le pregunto: "¿Cómo crees que Dios va a poner al hombre de tu vida frente a ti si estás saliendo con este hombre casado? No creo que te llegue. ¿Cómo crees exactamente que funciona esto? "Les cuento": Esta extraña pareja salían a comer al mismo restaurante, y se sentaban en la misma mesa durante un poco más de dos años. También siempre tenían el mismo camarero que les reservaba la mesa cada vez que iban a cenar. Se veían todas las semanas. Un día me pregunta ella; "¿Diosa por qué me dices que Dios no me va a enviar al hombre adecuado para mí?" Yo respondo: "Te voy a contar algo que me enseñó mi madre.

Hace mucho tiempo cuando vivía con mis padres le digo a mi madre. Mamá, quiero un auto nuevo y le estoy rezando a Dios y trabajando duro para poder comprarlo. Mientras tanto, había un vehículo más viejito que mis padres me habían regalado ya ocupando espacio en el garaje. Por lo tanto, ella responde a mi noticia así. Ok Joanne, pero no olvides que el otro auto está estacionado afuera. "Respondo, ok mamá." Entonces, cada vez que me pagaban, yo le decía a mi madre que estaba un paso más cerca de conseguir el auto que quería. Mi madre solo repetía; está bien mi hija, pero no olvides que el otro auto está parqueado ahí.

Han pasado un par de semanas y de nuevo le digo a mi madre que en unos días tendré mi carro. ¿Qué crees que respondió? Está bien, Joanne, pero no olvides que el otro carro está ahí. Entonces me pregunte, ¿por qué mamá siempre me dice lo mismo del otro carro? No pude más, me detuve y le pregunté, mamá, ¿por qué cada vez que trato de decirte algo positivo sobre el carro que quiero, tú me dices algo sobre el carro viejo? Ella responde con una pregunta.

Mira hija mía, si compras el carro nuevo, ¿dónde lo vas a poner? Empecé a pensar y dije está bien, ¡ya entendí! Tomé las llaves del carro viejo y lo llevé a un concesionario (Compre aquí-pague aquí) donde compran carros usados y para mi sorpresa afortunadamente el carro que quería comprar en otro concesionario también se vendía en el mismo concesionario al cual fui a entregar el carro viejo. Iba a pagar el doble por el carro que quería en el otro lugar. Cuando lleve el carro viejo, lo aceptaron como forma de pago y no solo pagué menos, también pude regresar a casa con mi carro nuevo. Algo tan imprevisto e inesperado. Pensé que aún no estaba preparada económicamente para obtener el vehículo que quería, pero Dios es bueno.

Llego a casa y les muestro a mis padres mi carro nuevo, y mi madre me dice; por supuesto, tienes tu nuevo carro cariño pero solo sucedió porque te deshiciste del carro viejo. Pues le cuento lo que me sucedió a ella y le digo; ¿Ya ves? No puedes pedirle nada a Dios si no estás lista para recibirlo. Mientras hablo con esta encantadora mujer, ella comienza a llorar y dice ¡Dios mío! Tienes razón, no estoy lista para recibir. Bueno, con el tiempo dejó al hombre casado. Un día esta mujer va a un supermercado donde casualmente se encuentra con el camarero que solía atenderla cuando ella estaba con el hombre casado. Él la ve y dice hola. ¿Te acurdas de mí? No los he visto en mucho tiempo. Ella responde; ya no estoy con él. ¡Él casi grita, finalmente! Estuve esperando más de dos años para que esto sucediera.

Nunca entendí el por qué estabas con él cuando también llevaba a su esposa al mismo lugar. Resumido el cuento; a medida de un año más o menos, esta bella mujer ahora está casada con ese mismo camarero y con hijos. Hoy día el ya no es mesero, sino dueño de tres restaurantes. Ella es financiera en un banco que era la pieza que le faltaba a él para ser felices. Hoy ambos son dueños de negocios y viven una vida hermosa. ¿Sabes por qué? Ella devolvió el carro viejo. Por lo tanto, si también tienes un carro viejo y realmente deseas uno nuevo, asegúrate de tener espacio para el nuevo. Lo que no sirve se bota. Dios está esperando que hagas el espacio para enviarte lo que pides. Esa podría ser la situación en tu relación O con cualquier otra cosa que desees tener en tu vida. ¡Si yo fuera tú, lo intentaría!

~"Ser bueno es fácil, lo difícil es ser justo".

El abuso psicológico es peor que el abuso físico

Las cicatrices del abuso emocional son muy reales y profundas. Puedes pensar que el abuso físico es mucho peor que el abuso emocional, ya que la violencia física puede enviarlo al hospital y dejarlo con heridas físicas. Pero el abuso emocional puede ser igual de dañino, a veces incluso más.

El abuso tanto emocional como físico, deja marcas de trauma que persiguen a las personas por años después de que terminal el abuso. Cuando se les pide a estas personas que diferencien entre los dos para averiguar cuál ha dejado el peor efecto y necesita tratamiento primero, en general difieren en su opinión. Algunos opinan que el abuso físico traumatizó más sus vidas, mientras que otros están más obsesionados por las reminiscencias del abuso emocional que han enfrentado en cualquier momento de sus vidas.

La violencia doméstica, por ejemplo, se puede combatir fácilmente si las mujeres intentan buscar ayuda de la policía y otras personas que estén más que dispuestas a ayudar a las mujeres victimizadas. Pero una mujer que sufre abuso emocional no podría hacer lo mismo por temor a ser abandonada cuando se le pida testigos y evidencias. El abuso de cualquier tipo es algo malo que se debe condenar. Las mujeres, los hombres e incluso los niños no deben tolerar ningún tipo de abuso. Al mismo tiempo, las personas deben aprender a ser pacientes y compasivas con sus hijos, quienes sin saberlo serían sometidos a abuso emocional si los padres no prestan atención a su propio comportamiento.

Existe un gran mito en nuestra sociedad de que solo las mujeres son víctimas de abusos. Los hombres también están sujetos a abusos emocionales y físicos. Independientemente del género y la edad, no debemos tolerar el abuso porque ser paciente y esperar a que se detenga por sí solo es el mayor error que comete la gente. Habla por ti y por quienes te rodean y aún más si sospechas que podrían estar siendo abusados de alguna manera. Estamos haciendo un mejor trabajo recogiendo la negligencia y estamos mejorando como país en términos de reconocer algunas de las formas más sutiles del trauma. Aún tenemos un camino por recorrer en términos de abuso emocional y negligencia emocional.

~"El maltrato silente, el que no se acompaña de palizas, sino de silencio, miradas, reproches… te hunde hasta lo más profundo, te anula, te humilla, y lo peor, nadie se da cuenta".

Esfuérzate hoy

Las personas que hacen cosas atrevidas y crean historias. Personas que han cambiado la causa de la historia. Personas que están marcando una gran diferencia en el planeta. ¿Si les preguntas a estas personas qué te haría enfrentar este tipo de calor, este tipo de fuego, y este tipo de rechazo? Si les preguntas, te dirán: "¡Vale la pena hacerlo!" Esas personas encontraron su pulso. Encontraron su lugar. Encontraron algo en su interior que les ha dado fuerzas para afrontar el calor. Mientras que otras personas se han vuelto cobardes y huyen. Dicen; "no puedo hacer eso." Pero otros se adelantarán y dirán que lo haré porque lo haré.

Debes tener eso en ti. Tienes la capacidad para hacer que eso suceda en tu vida. Tu vida vale cualquier esfuerzo que estés dispuesto a hacer. Debes estar dispuesto a rechazar el deseo de ser promedio. No quiero ser promedio. Quiero ser diferente. Pregúntate: ¿Qué es lo que encontramos que nos dará esa tenacidad? ¿Que nos dará el coraje para ponernos de pie? ¿Que nos dará el tipo de dedicación y determinación para volver una y otra vez?

¿Qué haría eso por nosotros? ¿Cómo encuentras esas cosas?

¡Buscando tu pasión! Todo vale la pena cuando te encanta. Cuando lo amas, el amor te ayudará a superar muchos desafíos. Te ayudará a superar muchos obstáculos. No puedes permitir que nadie ponga en silencio tu libertad. Si finalmente encontraste lo que deseas o lo que le conviene, di: ¡Quiero hacer esto! Puede que me ponga nerviosa/a pero todo está bien. Estoy dispuesto/a hacer esto porque es lo que me gusta. Eso te conducirá. Te mantendrá en marcha.

La gente te mirará con total asombro y te preguntarán cómo puedes hacer eso. ¿De dónde viene la energía? Puedo decirte, basándome en mi propia experiencia, que cuando te pongas en marcha, cuando puedas empezar a hacerlo una y otra vez, no necesitaras a nadie. Nadie intentando quitarnos nuestra libertad. El tiempo no te permitirá mantenerte joven. No nos importa lo que digan, vamos a amar a quien queramos amar y hacer los que amamos hacer.

~"Tu futuro depende de lo hagas hoy no mañana".

¿Qué es lo que te impide lograr lo que quieres en la vida?

Supera tu miedo al fracaso. Miedo al rechazo. Miedo a estar solo/a o miedo a ser lastimado. Todos los miedos nos retienen de lo que realmente somos capaces de hacer. El miedo al fracaso te impedirá desarrollar todo tu potencial. El miedo al rechazo te impedirá conocer al amor de tu vida. El miedo a estar solo te impedirá conocerte realmente a ti mismo. El miedo a lastimarte te impedirá experimentar algunas de las bellezas más ricas de la vida.

Pero puedes superar cualquier miedo. La forma más rápida de lidiar con el miedo es enfrentarlo y seguir adelante de todos modos. He aprendido que las personas más exitosas de este planeta aprovechan el miedo. No fingen que no está ahí y tampoco luchan con eso. Utilizan el miedo. El miedo puede despertarte a tus posibilidades más profundas cuando aprendas a usarlo en su beneficio.

Puedes adquirir el hábito de hacer precisamente eso. La capacidad de superar el miedo es un músculo que puedes desarrollar. Decides que diriges tu vida y no estarás a merced del miedo.

Aprende cómo aprendí a superar el miedo tomando acciones masivas. Verás cómo puedes hacerlo tú también. Cuando te entrenas para enfrentar tus miedos, descubres un nivel de libertad que la mayoría de las personas nunca conocerá. Únete a mí y pruébalo. ¡Tú puedes!

Manifiesta quién eres y el Universo se alineará contigo

Es muy importante manifestar quién eres en la vida. Necesitamos ser positivos para nosotros mismos y para los demás, ya sea que estemos o no. Pensar en algo que no es positivo o que muestra que guardas algún tipo de rencor, incluso si es pequeño, impedirá que tus propias bendiciones te lleguen.

Mantente feliz. Mantente enfocado y positivo. Incluso si se encuentras en una situación incómoda. Si no has hecho nada malo o negativo, no debes de agotarte por nada. La vida siempre vuelve y te hace ver el círculo completo. Si algo negativo te sucede, es porque eso es lo que estás atrayendo en tu mente. No es por nadie más. Nadie tiene poder sobre ti excepto tú.

Muchos de ustedes probablemente hayan oído hablar de la Ley de Atracción. Según este sistema de creencias, nuestros pensamientos (tanto conscientes como inconscientes) dictan la realidad de nuestras vidas. En esencia, si realmente crees que es posible tener algo que realmente deseas, crearás la realidad de eso en tu vida. Sin embargo, lo que las personas no suele darse cuenta es que su atención y sus pensamientos también pueden atraer lo que no deseas.

Todos los pensamientos crean un sentimiento. Los sentimientos crean la energía que forma el "imán" que atrae lo que llega a nuestras vidas. Por lo tanto, para propósitos de manifestación, es muy importante estar consciente de nuestros pensamientos, tanto positivos como negativos.

El miedo y la preocupación son sentimientos muy poderosos. Si permitimos pensamientos que crean miedo y preocupación dentro de nosotros, entonces eso es exactamente lo que atraeremos a nuestras vidas: malestar. Cuando tienes malestar interior, no estás alineado con las cosas positivas que deseas atraer.

Por ejemplo, tal vez desees manifestar un nuevo automóvil en tu vida. Eso envía pensamientos y sentimientos que establecen tu intención para un nuevo vehículo. Sin embargo, pronto empiezas a preocuparte. Piensas en lo que podría salir mal. "¿Qué pasa si consigo un carro nuevo, y me despiden mañana y no puedo pagarlo?" Te preocupas por lo "qué pasaría" y lo pones fuera de alineación con tu intención. Haciendo eso es como si hubieras enviado un mensaje confuso al Universo y ahora el Universo no tiene idea de lo que realmente quieres.

Alineándose perfectamente con tus intenciones es la clave para la manifestación. Al ser consciente de tus pensamientos puedes dominar este proceso de alineación. Es una cuestión de prestar atención a dónde fluyen tus pensamientos y a los sentimientos que esos pensamientos crean dentro de ti. Cuando te sientas molesto o incómodo, rastrea los pensamientos que está creando esta inquietud. Una vez que puedas identificar esos pensamientos, haz un esfuerzo consciente para cambiarlos o darles la vuelta.

Un enfoque es imaginar primero vivir la intención. Haz un viaje corto en tu mente e imagina que ya tienes lo que quieres manifestado en tu vida. ¿Cómo te hace sentir tener lo que quieres? Si se evocan emociones encontradas, miedos o dudas, entonces necesitas ajustar qué es lo que deseas atraer. Siga haciendo esto hasta que el objeto de su deseo cree solo sentimientos positivos.

Supongamos que establezcas tus intenciones en un nuevo Mercedes-Benz con un precio de $ 495,000. Imagínate que lo posees. ¿Estás libre de preocupaciones y feliz con él? ¿O te preocupa que se raye o se golpee cada vez que lo conduzcas? ¿La idea de ese pago mensual del automóvil te da dolor en la boca del estómago? Estos sentimientos son exactamente lo que le dirán al Universo: "¡No! Realmente no quiero esto en mi vida". Quizás debería reducir el rango de precios de mi deseo y elegir un automóvil que esté en el rango de $ 30,000. Date cuenta de cómo te sientes haciendo eso. Si experimentas sentimientos de tranquilidad en tu interior, entonces estás aprendiendo a alinearte con tu intención. Le estás dando al Universo una señal clara y nítida de exactamente lo que quieres.

Recuerda que la clave es crear la alineación teniendo solo sentimientos positivos adjuntos a lo que está manifestando. Puede que tengas que modificar o cambiar tus intenciones varias veces. Pero una vez que tengas esa alineación total, agárrate fuerte: ¡el Universo tiene una forma de trabajar muy rápidamente!

~ "Todo es energía... Coincide con la frecuencia de la realidad que deseas y no podrás evitar obtener esa realidad. No puedes ser de otra manera. Esto no es Filosofía. Esto es Física".

- Albert Einstein

No hay reglas

Al crecer en la vida fui intimidada muchas veces. Se burlaron de mí porque era extremadamente alta para mi edad y tenía mucho sobrepeso. Tenía baja la autoestima y nunca tuve novio. Ni siquiera amigos en la escuela. Mi hermana mayor sabía que yo no tenía muchas amistades, así que sus amigos se convirtieron en mis amigos, y con eso me conforme.

Durante muchos años me odié a mí misma. Crecí actuando como si nunca hubiera entendido nada en la vida. Lo que llevó a mi familia a pensar que yo no era la más brillante del grupo. Me rebajé e incluso empecé a lastimarme en algún momento. "Mi familia ni siquiera lo supo."

Robaba dinero de mis padres para comprar galletas y golosinas en la escuela. Lo hacía para dárselo a los niños, para que fueran mis amigos. ¡Sí, compré a mis amigos! ¡Incluso compré un novio también! En la escuela secundaria, una chica que ni siquiera conocía, decidió pelear conmigo. Solo porque tenía una hermana muy popular.

A lo largo de los años, tantas mujeres me han odiado y criticado que ni siquiera conozco. No les gustan mis rasgos o la forma en que me río. Puedo seguir hablando de las tragedias y los obstáculos que tuve que superar, pero eso no es lo importante. Todos estos eventos inesperados no solo me ayudaron a convertirme en la mujer fuerte y valiente que soy hoy, sino que también me recordaron que soy vulnerable. En la vida no hay seguridad real excepto creer en uno mismo.

Con todo lo que pasa a diario en la vida, comencé a pensar que la vida no tiene reglas. Y estaba en lo correcto. No hay reglas si eres hombre. Si eres mujer, debes jugar el juego. ¿Cuál es el juego? Pues, se te permite ser bonita. Se te permite ser linda y sexy, pero no actúes con demasiada inteligencia. No tengas una opinión que esté fuera de línea con el estado. Se te permite ser objetivo. Vístete como una puta pero no seas dueña de tu puteria. No compartas tus propias fantasías sexuales con el mundo. ¡Noooo! Sé lo que los hombres quieren que seas. Lo más importante es que te sientas cómoda estando cerca de otros hombres. Finalmente, no envejezcas porque envejecer es un pecado. Serás criticada. Serás degradada y en ese momento de envejecimiento de tu vida ya no valdrás nada. ¡Ese es el juego! ¿Es eso incluso creíble?

Como mujeres, debemos de comenzar a apreciar nuestro propio valor y el valor de los demás. Busca una mujer fuerte para hacerse amiga. Para alinearse con. Para aprender de. Para inspirarte. Para colaborar, apoyar y ser iluminado. En lugar de criticarnos y calumniarnos por placer. A veces guardamos rencor por amor. Nos admiramos tanto que en lugar de darnos halagos, decimos, ¡"mira a esa chica, ella se cree más bella que todas"! Pero esa no es la idea. Estemos juntos en lugar de abatirnos unos a otros. Les aseguro que tendremos más éxito al levantarnos mutuamente.

~"Cuando has agotado todas las posibilidades, recuerda esto; no lo has hecho."

Si dices que te vas

Si no me quieres, no me escribas. Si no te vas a quedar, no me busques. Si no vas a estar conmigo, no me seduzcas. Si dices que te vas, no vuelvas.

He intentado miles de veces retenerte para que recuerdes o notes lo que podríamos haber sido. Sé que sobreviviré. No tengo nada más para dar porque te lo di y aún eso no fue suficiente. Espero que encuentres lo que buscas, si sabes lo que es. Si regresas te advierto que si dice que se va, la puerta se abrirá. Una vez que salgas se cerrará. No por un tiempo sino para siempre.

Lo único que duele es el tiempo perdido en una persona que no existe. Pero no te preocupes porque me acostumbraré a vivir sin ti. Si total, siempre lo hice porque tú nunca estuviste ahí. Toma tus hipocresías y besos falsos porque como decía Borges, "he aprendido que los besos no son contratos y los regalos no son promesas".

"Sé que puedes plantar tu propio jardín y decorar tu propia alma en lugar de esperar a que alguien te traiga flores."

Me cansé de tus mentiras y todo tiene fecha de vencimiento. Pasaré por encima del pasado y estaré presente para el presente.

Recuerda que si dice que te vas, por favor, por favor, no regreses. ¿Te fuiste? Te amaba. Adiós

~No abras la boca si no vas a ser sentir lo que haces.

Las tres cosas que aprendí mientras se estrellaba mi avión (Historia de Ric Elias)

Me gustaría contarte una historia que me conmovió y cambió mi vida. Después de escucharla ya no era la misma. La historia se trata de este hombre llamado Ric Elías. Tal vez hayas oído hablar de él o no. Este hombre dio un discurso sobre Charla Ted, y para aquellos que no lo saben, Charla Ted es un lugar maravilloso donde se reúne la mejor sabiduría del mundo entero. Con una charla de tres minutos este hombre cambió la vida de todas las personas que estaban ahí. Voy a repetir un poco lo que dijo y tal vez en tres minutos muchos de nosotros ya no pensemos ni seremos los mismos. El título de su charla que es completamente real se titula "Las tres cosas que aprendí mientras se estrellaba mi avión". Ric Elias estaba en un avión con doscientos pasajeros. De repente, el avión hizo una maniobra extraña. Ric le pregunta a la azafata, ¿pasó algo? Ella responde: "No, no te preocupes, esos movimientos ocurren de forma natural. ¡Y el avión había perdido un motor! El avión había perdido un motor y en ese momento el avión hizo otro ruido. Ahora había perdido el segundo motor. Justo cuando Ric estaba a punto de preguntarle a la azafata nuevamente, el piloto dice en el sistema de audio... "¡Prepárense para el impacto!" Ric, lógicamente se dijo a sí mismo, bueno ya no tengo necesidad de preguntar, ¿verdad?

Sabía que iba a morir. Ric dice que en ese momento pensó en tres cosas. La primera, que todo cambia en un instante. No nos damos cuenta pero es cierto. Luego pensó en todo lo que no hizo. En todas las personas a las que quería llamar y no lo hizo. En todas las cercas que quería brincar y en todos los riesgos que debería haber tomado y no lo hizo. Ric dice en esa charla que a partir de ese momento se enteró de que nunca quiere posponer nada en la vida. Dice que ya no tiene buen vino en su bodega, que se lo ha bebido todo. Se le ocurrió una frase que dice. "Colecciono vino malo", cualquier vino añejo que tengas que quieras guardar, él se lo beberá. ¡Ah y con eso él no quiere decir que se emborrache esta noche y te termines todo lo que tengas de licor! Quiere decir que cada minuto de la vida debe disfrutarse porque esto es real. Siempre vivimos de espaldas a la muerte y nunca queremos saber nada al respecto. Cada minuto puede ser el último. Lo segundo que pensó Rick cuando el avión se estrelló fue en la cantidad de tiempo que había perdido a causa de su ego. En la cantidad de tiempo que había perdido en cosas que no importan en vez de con personas que sí importan.

Rick dice que desde ese momento no ha vuelto a discutir con su esposa. Que entre tener razón y ser feliz, elige ser feliz. La tercera cosa que aprendió es que la muerte no da miedo. Creo que la mayoría de nosotros pensamos que morir da miedo, pero él dice que morir no da miedo "¡y el avión se estaba estrellando! Dijo; que es como si toda nuestra vida nos estuviéramos preparando para la muerte. Ric dijo que morir no da miedo, pero que te sientes muy triste porque amas la vida. Ese día finalmente Ric sobrevivió. Era uno de los pasajeros del avión que cayó al río Hudson. Sin embargo, debo señalar que efectivamente fue un piloto muy heroico quien condujo el avión y logró salvar la vida de la mayoría de las personas. Pues, Ric termina la charla diciendo que todos vamos a volar hoy y que no sabemos si nuestro avión se estrellará esta noche. Me encantaron las últimas palabras de la charla de tres minutos que dicen: "No vas a vivir para siempre. Pregúntate sólo una cosa. ¿Estás siendo la mejor persona que puedes ser? "¿Di tú?

Este ser humano es un gran ejemplo de vida y la vida es ahora. Todo comienza contigo.

~No se le debe tener miedo a la muerte, sino a no comenzar a vivir nunca.

Un soñador

Hace años, las únicas personas en la tierra eran los monos. Y dijeron: "Nunca caminaremos erectos. Nunca usaremos herramientas. Nunca hablaremos". Y luego un mono dijo: "¿Ah, sí? Bueno, estoy hablando ahora mismo". Ese mono era un soñador.

Avanzamos 500 años. Los hermanos Wright deciden crear una máquina voladora. "Tontos. Idiotas". "¿Cuál es su problema?", Gritaban todos. "Eso nunca funcionará porque el contrachapado pesa más que el aire" A lo que los hermanos Wright respondieron, "no, no es así". Los hermanos Wright eran soñadores.

Los condes de emparedado y Sir Francis Bacon. De no haber sido por ellos, el BLT sería simplemente lechuga y tomate. Eran soñadores.

Vincent Van Gogh. Todos le decían, "solo tienes un oído, no puedes ser un gran artista". ¿Y sabes lo que dijo? "No puedo escucharte". Vincent Van Gogh era un soñador.

Louis Pasteur convirtió el queso en medicina. ¡Otro gran soñador!

Benjamín Franklin. La gente decía, "no se puede volar una cometa en una tormenta", y Ben Franklin dijo: "Sí, se puede, si tienes una cometa eléctrica". Era un soñador asombroso.

Un hombre que se rompió más huesos que cualquier hombre en la historia, Evel Knievel. Un soñador definitivo.

Joanne Suarez mejor conocida por Diosa. Médicos expertos y experimentados le dijeron que después de sufrir un segundo derrame cerebral había un setenta y cinco por ciento de probabilidades de que no volviera a caminar activamente. Tampoco recuperaría toda la fuerza de la zona afectada por el ictus. Diosa dijo: "¿De verdad? Puede que no recupere todas las fuerzas, pero volveré a caminar e incluso a correr junto a mis hijos". ¡Diosa también es una gran soñadora!

Como mujer afrocubana americana debo decir que estoy muy orgullosa de quién soy y de dónde vienen mis raíces y ancestros. La película Pantera Negra "Black Panther" fue muy importante para mí, mis hijos, mis amigos y el mundo entero. Me gustaría agradecer a Chadwick Boseman por mostrar que hay muchas vías para nosotros. Tu papel nos dio esperanza y confianza. Un hombre que luchó contra el cáncer de colon durante cuatro años y aún se esforzó por hacer y dejar un gran legado, tuvo un sueño. "Fue el honor de su carrera dar vida al rey T'Challa en Pantera Negra". Chadwick Boseman era un soñador, creyente y líder. ¡Wakanda para siempre!

Foto cortesía de ABC12 ksat.com

Atrévete a soñar. Sueña tus sueños más locos. Puedes escalar las montañas más altas o puedes ahogarte en una taza de té. (Si encuentras una taza de té lo suficientemente grande). Y si alguien te dice que no puedes hacer algo, tú dices, "¡sí, puedo!" Porque Yo lo estoy haciendo ahora mismo.

~*"No cualquiera puede convertirse en un gran Artista, ¡pero un gran Artista puede venir de cualquier parte! "*

Pandemia

En todo el mundo, la gente está reflexionando. En todo el mundo, la gente mira a sus vecinos de otra manera. En todo el mundo, la gente está despertando a una nueva realidad. Estamos despertando a la realidad de lo grandes que somos para tener el poco control que tenemos. Hoy pensamos en lo que realmente importa. Al dar amor. En ser amado.

Oremos y recordemos que sí, hay miedo, pero no tiene por qué haber odio.

Hay aislamiento, pero no tiene por qué haber soledad.

Hay compras de pánico, pero no tiene por qué ser malo.

También hay muchas muertes, pero siempre puede haber un renacimiento del amor. También hay pasión por lo que hacemos en la vida y somos ejemplo de eso. En nuestra unión esta la fuerza. La vida es ahora. Lo único que puede actuar contra la pandemia que vivimos actualmente es el amor propio y nuestra unión en paz y armonía. Vamos a trabajar juntos. Independientemente, depende de nosotros mejorar. Piense en eso de manera positiva.

"¡El hecho de que la humanidad tenga que aclarar que cualquier vida importa, debería ser motivo de preocupación!"

No es amor

¿Qué significa el amor para ti? ¿Por qué tengo personas preguntándome qué es el amor? O, ¿crees que esta persona me ama? Si alguna vez tienes que preguntarte si la persona con la que estás te ama, eso no es amor. No estoy tratando de crear ningún tipo de separación entre nadie, pero hablo la realidad.

Si te preguntas si esa persona te ama o no, lo más probable es que no. Para mí no es amor. El amor comienza por amarte a ti mismo. Una amiga me llamó a preguntarme: "¿Crees que mi esposo me ama"? Le digo "no sé", y ella me dice: "Estoy tan acostumbrada al abuso que creo que eso es el amor". Le dije: "No, no estás acostumbrada al abuso. Lo que realmente sucedió es que nunca aprendiste a amarte a ti misma. Cuando aprendas a amarte a ti misma, comprenderás qué es el amor".

Por eso debes marcar el tono de tu vida. Cuando hagas eso, tu vida no aceptará nada menos, punto. Muchos de nosotros hemos aceptado la definición de amor de otra persona y creemos que eso es el amor. Creemos que el amor es suficiente. ¿Cierto? "Me da bastante". Pero el amor también va más allá de la amistad y las relaciones. Nos conformamos con lo mínimo.

Alguien que realmente se preocupa por ti no querrá hacer preguntas en tu vida. El que te ama de verdad te dice cómo es. No quiero crear dudas o hacer preguntas en la vida de mi pareja. No quiero que nunca te preguntes si lo quiero. Al contrario, quiero que lo sepas a lo alto, y en abundancia. Quiero que mis hijos sepan cuánto me preocupo.

¿Por qué es lo mismo? Es como si tus hijos se preguntaran: "¿Mami me ama?" "¿Papá me quiere?" Eso no debería ser una pregunta. Deberían saberlo. Cuando se trata de tu vida, asegúrate de darle ese 110% a la persona con la que estás.

Asegúrate de hacer tu mejor esfuerzo. Nunca deberían cuestionarte. Nunca deberían cuestionar tu lealtad. Nunca deberían preguntarte si los aprecias, deberían saber todas estas cosas. Muchos de nosotros sabemos lo que es. Simplemente nos negamos a creerlo, por la razón que sea. Puede ser tanto por el miedo a estar solos como por el miedo a depender solo de nosotros mismos. Solo ten sentido común. Son solo hechos y tal vez necesites escucharlo de otra persona. Pero tú sabes lo que es. De lo contrario, no te harías la pregunta repetidamente. Alguien que realmente te ama, no te deja ninguna duda. Te deja seguro.

"Una de las cosas más difíciles que tendrás que hacer es lamentar la pérdida de una persona que todavía está viva".

Tu sanación es tu responsabilidad

Muchos de nosotros dependemos de la persona que nos ha lastimado para sanarnos. Nos preguntamos por qué soportamos el dolor. No es su responsabilidad curarte. Curarte es tu responsabilidad.

Deja de esperar una disculpa para curarte.

Deja de esperar a que la persona que te lastimó te sane.

Deja de esperar a que el cierre se cure.

Deja de esperar a que la comprensión te cure.

Deja de esperar lo que sea necesario para curarte.

Deja de empoderar a alguien para que te cure cuando sea tu responsabilidad, no la de ellos.

Deja de esperar a que estas cosas te curen y comienza tu viaje de curación.

Sí, el viaje de sanación apesta. Ser real contigo es difícil y no es divertido. Es un proceso. Vas a tener altibajos. Pero no puedes esperar a que esa persona te dé algo cuando lo que primero te dio fue dolor. Él es la razón por la que te estás curando para empezar.

Ya no pongas tu corazón en las manos del que lo rompió. Estos son solo hechos. Lo que necesito que hagas es asumir la responsabilidad de tu vida. Asume la responsabilidad de ser un mejor tú. La responsabilidad de tu progreso. Toma posesión de tu vida porque si no lo haces, serás controlado/a por otra persona.

Si no lo haces, terminarás aceptando la definición de amor de alguien que no te ama. ¿Sabes lo que estás aceptando? Una versión menor de ti mismo hasta que te miras en el espejo y ni siquiera te das cuenta de quién eres. Te conviertes en el dolor que te dieron. Este es un recordatorio de quién eres.

Aclara tus prioridades

Todos pasamos por diferentes fases en nuestras vidas, y algunas de esas fases tienen períodos de transición en los que nuestra vida cotidiana puede ser un poco más confusa de lo normal. A veces, estas fases se prolongan, o ni siquiera sabemos por qué estamos en ellas para empezar. De repente miramos a nuestro alrededor y no estamos en el camino que pretendíamos seguir. Cuando no tienes tus prioridades en orden, es fácil salirse de los rieles y, aunque ciertamente es posible volver a encarrilarte, primero tienes que ser consciente del problema.

A continuación, te indicare cómo saber si necesitas aclarar tus prioridades para poder seguir adelante con tu vida. Cuando piensas en cómo quieres vivir tu vida, ¿qué te viene a la mente exactamente? ¿Te ves viajando por el mundo, escribiendo un libro o construyendo tu propio negocio? Sin embargo, lo más probable es que la manera que elijas vivir tu vida dependerá de cómo establezcas tus prioridades. Cuando desee realizar cambios en tu vida, es importante saber qué es lo más valioso para ti. A veces, sin embargo, puede ser difícil darse cuenta de esto cuando siempre estás en el carril rápido y comienzas a perder la concentración en lo que originalmente querías en primer lugar.

Todos vivimos vidas tan ocupadas y hace que sea un desafío hacer todo lo que está en nuestra lista de tareas pendientes. Para asegurarte de que puedes concentrarte en tus prioridades, es importante que te preguntes el "por qué" detrás de todo lo que haces. Una vez que tengas una comprensión más profunda de por qué algo es importante para ti, te resultará más fácil llevarlo a cabo. Una vez que descubras que es el "por qué", incluso puedes descubrir que a veces tus prioridades incluso cambian.

Entonces, ¿cómo puedes averiguar qué es lo más importante para poder establecer tus prioridades correctamente? Comienza contigo. Empieza por ti. Debes comprometerte a dedicar tiempo a ti mismo. Quedarte atrapado en los detalles de la vida puede nublar tu visión de lo que es más importante para ti. Incluso tomar un breve período de tiempo para respirar, relajarte, procesar y planificar te ayudará para reducir el desorden y ver más claramente lo que se puede haber perdido antes.

Las personas a menudo se confunden con las prioridades hasta el punto de que no se dan cuenta de que han gastado demasiado dinero en cosas incorrectas. Por ejemplo, a veces algunas personas han tenido la necesidad de comprar ciertas cosas extremadamente necesarias para su hogar, pero se posponen porque prefieren tener un momento feliz y sentirse bien por ese momento es lo que es más importante. Algunos de nosotros incluso decimos "la vida es corta, solo tenemos una vida para vivir", entonces sienten que esa debería ser su prioridad. Eso podría ser un hecho, "la vida puede ser corta", pero no debemos andar por la vida con eso en mente porque también es parte de la ley de atracción. Repetir "la vida es corta" con frecuencia puede llevarlo a la realidad. En algún momento en el futuro, es posible que te encuentres atrapado en una situación en la que necesites algo importante que elegiste no comprar en lugar de divertirte, y pensar que la vida es corta e incluso preguntarte... ¿En qué me equivoqué?

Si deseas tener una idea clara de hacia dónde quieres que se dirija tu vida, aquí hay diez formas en que puedes descubrir cómo tomar las riendas de tu vida estableciendo tus prioridades.

1. Descubre qué es lo más importante para ti

Antes de que puedas establecer tus prioridades, debes averiguar exactamente cuáles son. ¿Cómo esperas acabar con él cuando no tienes idea de cuáles son tus objetivos? Tienes tiempo y energía limitados, por lo que debes determinar cuáles son tus dos prioridades principales en un momento dado. Por ejemplo, una puede ser conseguir un nuevo trabajo y la otra puede ser buscar un nuevo apartamento. Ambos son bastante considerables tareas que requieren un enfoque preciso, por lo que mi sugerencia en este escenario es buscar un trabajo primero. Una vez que lo consigas, puedes limitar la búsqueda de tu apartamento a algún lugar cercano a tu nueva oficina.

2. Crea un plan

Es hora de poner en acción tus pensamientos. Tómate unos minutos para crear un plan de dónde te gustaría verte en los próximos meses o años. Alinea esos sueños con tus prioridades para ayudarte a concentrarte en hacer realidad tus deseos. Anota lo que estás buscando en un nuevo trabajo, se especificó en términos de salario, ubicación y tipo de puesto. Así como tus puntos fuertes y lo que quieres aprender y ampliar en los próximos doce meses. Luego, crea un plan de acción. Configura alertas de trabajo. Revisa tu currículum. Red con dos personas cada semana, etc.

3. Determina cómo quieres vivir tu vida

Otra excelente manera de mantener tus prioridades claras es considerar cómo deseas vivir tu vida. Si deseas trabajar solo una cierta cantidad de horas por semana, pero tu trabajo actual te impide hacerlo, entonces busca uno nuevo. El trabajo podría tener un precedente en tu lista de tareas pendientes. Es importante tener claras tus prioridades para que estés viviendo una vida de propósito y satisfacción que se sienta bien para ti. Cuando tienes claras tus prioridades y sabes lo que es importante para ti, estás más en línea con tus intenciones y lo que realmente quieres de la vida.

4. Habla con un mentor

Hablar con un mentor puede abrirle los ojos a problemas que quizás nunca hayas notado. Pueden ayudarte a ver las cosas desde una perspectiva diferente y desafiarte a concentrarte en lo que debe ser el número uno en tu vida. Si no estás seguro de qué es lo más importante, habla con un mentor y con amigos. Es posible que puedan ayudarlo no solo en términos de practicidad, sino también en juzgar el sentido de urgencia y emoción en su voz. Si te quejas constantemente de tu trabajo y temes ir a la oficina todos los días, sabrán instantáneamente que debes poner eso en la parte superior de tu lista de prioridades.

5. Elimina distracciones

Si deseas establecer tus prioridades en orden, debes deshacerte de las distracciones. Apaga la televisión y tira tu teléfono por la ventana, es hora de concentrarte en mejorar tu vida y dejar el desorden en la puerta. Reserva tiempo en tu calendario para establecer tus prioridades, pero también comienza a eliminar las distracciones. ¡Me di cuenta de que hago clic en cada artículo que aparece en mi muro de Facebook! Debes reducir este tipo de distracciones. Toma más tiempo durante el día y crean más interrupciones de las que creemos. Empieza a criticarte por cosas como esas para que puedas despejar el desorden. Configura un temporizador en las redes sociales si es necesario también. ¡Te sorprenderá la cantidad de tiempo escondido que descubres para concentrarte en perseguir tus prioridades!

6. Tómate un tiempo para reflexionar

Esto significa reservar una tarde o un bloque de tiempo en el que apagas el teléfono, pones la pluma sobre el papel y te dices a ti mismo-que aunque tenga un millón de cosas en marcha, esto es una prioridad. Por ejemplo, supongamos que trabajas en un entorno tóxico y no has recibido un aumento en dos años. ¡¡Hola, búsqueda de trabajo!! Analiza tu vida y descubre qué tipo de cambios necesitas hacer. Si sientes que no tienes tiempo para hacer esto, honestamente, esa es una razón aún más para que reflexiones.

7. Se honesto contigo mismo

Tienes que comprobar esas prioridades con la realidad. Lleva un registro de cuánto tiempo realmente dedicas a las cosas cada semana. As esto al menos una semana o quizás dos. Se honesto. Finalmente, compara la realidad de tu tiempo con tus prioridades ideales. ¿Estás dando el tiempo adecuado a lo que más te importa? ¿Si no, porque no? ¿Qué puedes hacer para que tus verdaderas prioridades sean el número uno en tu vida? Realiza los cambios necesarios para que tu realidad coincida con lo que realmente te importa. Lamento decir esto, pero a veces necesitas recibir una dosis saludable de realidad para darte cuenta de lo que realmente necesitas. Si bien no deseas ejercer mucha presión sobre ti mismo. Debes ser honesto contigo mismo para descubrir qué es lo más importante.

8. Recuerda que es normal que cambien tus prioridades.

A medida que envejeces, lo más probable es que tus prioridades cambien. Pero no lo veas como algo malo. Considera el hecho de que con el tiempo maduras y necesitas cambiar las prioridades de lo que es más importante. Primero, debemos ser conscientes del hecho de que nuestras prioridades cambiarán a medida que cambien nuestras vidas y circunstancias. Algunas prioridades serán aquellas en las que nos concentremos a largo plazo y otras prioridades se centrarán en lo que está sucediendo en este momento. Con esto en mente, te recomiendo que hagas dos listas:

- Áreas principales y activas de tu vida y áreas secundarias o áreas que no necesitan tanta atención en este momento.

Dedica algún tiempo para repasar cada área de tu vida y escribe cualquier idea o prioridad que te resulte útil incorporar a tu vida ahora o en el futuro.

9. Crea una lista

Para mí, no hay nada más satisfactorio que crear una lista. Es una excelente manera de ver lo que realmente valoro para poder descubrir cuál debe ser mi próximo paso. Cuando nos sentimos abrumados, puede ser un desafío descubrir cuáles son nuestras prioridades porque todo puede parecer igualmente importante. Un gran consejo para mantener tus prioridades claras es hacer una lista de todo lo que tienes en mente. Póngalo todo en papel. Una vez que lo vez frente a ti, ya comienzas a sentirte más manejable. A partir de ahí, califica cada elemento en una escala de uno a diez en su importancia. Al hacer esto, podrás determinar qué prioridades deben ser lo primero.

10. Consulta contigo mismo con regularidad

Después de que descubras cuáles son tus prioridades, consulta contigo mismo para asegurarte de mantenerte concentrad. Programa una cita para tomar café contigo mismo en tu calendario para que no se te olvide. ¡Consúltalo regularmente, a menudo! Pregunta si tus prioridades todavía te sirven. ¿Te estás responsabilizando de vivir tu vida en tus términos? No te frustres si necesitas algo de tiempo para averiguar cuáles son tus prioridades para poder aclararlas. Se amable contigo mismo y recuerda que es completamente normal que tus prioridades cambien con el tiempo. Eventualmente, con un poco de paciencia (y mucho vino), puedes descubrir qué es lo más importante y hacerte cargo de tu vida.

~"Las decepciones recolocan las prioridades… yo les doy las gracias cada cierto tiempo".

El amor propio es la cura para el odio a si mismo

¿Te quieres a ti mismo? ¿Cuánto cuesta? Si entiendes el valor del amor propio, sabrás a quién tienes en tu círculo y nunca serás amigo de ese tipo de personas. La mayoría de los humanos viven vacíos. No tienen sentido de sí mismos. No hay sentido de amor propio y cuando digo amor propio no tiene nada que ver con dinero, o cosas materialistas, o cualquiera de las otras cosas en las que posiblemente pueda pensar tu mente negativa. No tiene nada que ver con la apariencia. No tiene nada que ver con lo que conduces ni con ninguna de esas cosas superficiales que uno supondría que pueden hacerte amarte aún más. Es una cuestión de conocer tu valor. Es cuestión de que sepas que no tienes que estar cerca de esas personas en ese tipo de entornos o situaciones para que finalmente puedas ver el valor en ti mismo.

Me amo independientemente de que me ames.

Creo en mí.

Sé mi valor.

Sé claramente que soy una hija de Dios y Dios tiene un propósito sobre mi vida y si no lo tuviera, no estaría aquí ahora.

Estoy aquí y tengo un propósito.

No tiene valor tener sabiduría, conocimiento, espiritualidad interior si no hay amor. Todos los días soy un trabajo en progreso. El amor propio es la cura para el odio a sí mismo.

No me gustas.

No confío en ti.

Sé que estás hablando mierda de mí a mis espaldas.

¿Por qué alguien que realmente se ama a sí mismo se junta con ese tipo de personas? Ah, y aquí están las peores personas del mundo para mí. Las personas que literalmente te odian y le desagradas en todos los sentidos y no tienes ni idea de que se sienten así porque son capaces de encubrir toda su energía maliciosa e intenciones hacia ti sin darte ningún rastro de que no te descargan. Ellos no te descargan y no tenías ni la menor idea, pero finalmente lo descubres, ¡y estás aturdido!

Cuando la gente te muestra quiénes son, y lo ves hasta el punto en que puedes hablar del tema te preguntas; "¿Puedes creer lo que dijo sobre mí?" Ahora lo sabes y pudiste hablar de eso. Por otra parte, recibes una invitación de la misma persona que te lastimó. La persona que de hecho te hizo llorar y sin embargo, aceptas la invitación. ¿De Verdad? Ámate a ti mismo para que puedas dejar de salir con este tipo de personas. A nadie que se ame a sí mismo se le ocurrirá la idea de relacionarse con este tipo de personas. Ámate a ti mismo.

Trabajas demasiado como para salir con alguien que solo quiere hablar sobre cómo puedes ganar dinero fácil. En un caso como ese te levantas y dices: "Adivina qué amigo, ve a buscar tu dinero fácil. Ve a hacer lo que tengas que hacer para duplicar o triplicar tu dinero. Me voy de aquí porque no quiero ser el receptor de lo que sea que las consecuencias de tus malas acciones puedan provocar". Sé que todos conocen a ese tipo de personas. Haciendo muchas cosas negativas, locas y disfuncionales todos los días.

Entonces tienes a estas mujeres especiales que tampoco necesitas en tu círculo. Hay una que se llama sí misma tu amiga, pero siempre está celosa y envidiosa de los demás. Habla negativo sobre todas las chicas que ve contigo y habla de todo lo que están haciendo. ¿Con quién salen? ¿Con quién se acuestan? Entonces, mi pregunta es... ¿No crees que están hablando de ti? ¿Acaso eres tan especial que ella habla sobre todos y no crees que está hablando de ti? Entonces, cuando la gente te muestra quiénes son, tienes que creerlo y tienes que hacer el ajuste de acuerdo con todas estas cosas que te son reveladas.

Tu familia es mala, malvada y rencorosa, condescendiente y desordenada, pero estás desesperado por la validación. "¡Esa es mi familia, sabes!" Eso es lo que decimos la mayoría de nosotros. "Sé que es malo cuando hablan de mí y de mis hijos, y están un poco jodidos pero sabes; son mi familia. "¿Eso es familia?"

Oh, sí se les permite derrumbarte porque son familia. "No me parece" Lidiar con ellos duele aún más porque en realidad tienes la misma sangre en nuestro torrente sanguíneo. Prefiero que una persona cualquiera en la calle hable mierda sobre mí y me derrote en vez de mi propia familia.

Me quiero.

Veo el valor en mí.

Tengo que tener cuidado con quién y a qué le doy acceso emocional.

Mis hijos me han dado un resultado final. Mis hijos han creado un nuevo estándar para mí. Mis hijos han cambiado mi vida para siempre. No sabía qué era el amor hasta que llegaron a mi vida. ¿Qué significa eso? Significa que nunca me verás en la cena. Nunca me verás pasando el rato o haciendo algo con nadie. No me importa quién eres o cuánto valgas. Yo tengo visiones, tengo ideas y tengo metas. Ahora, si creo en conectarme con las personas a nivel humano, pero estoy enfocada en mi misión y en mis objetivos.

¡Eso es lo que soy!

No puedes pasar al siguiente nivel con todos los demonios que tienes en tu vida. Tienes tantas personas negativas, mezquinas, malvadas, maliciosas y disfuncionales en tu vida y alrededor de tu círculo. Esta es la razón por la que no puedes despejar el desorden y pasar al siguiente nivel. ¡El amor propio es la cura para el odio a si mismo!

¡Lo repetiré de nuevo, el amor propio es la cura para el odio a si mismo!

~Y empecé a librarme de todo lo que no era saludable; situaciones, personas, amigos, familiares, gustos y cosas. Lo llamaron egoísmo, yo lo llame amor propio.

-Terapia En Sesiones

Expresa tus pensamientos

¿Alguna vez has estado hablando de alguien y tu teléfono le marca a esa misma persona de la que estás hablando accidentalmente? ¡Bien, a mí me paso! He aprendido que gracias a eso ahora esta persona sabe cómo me siento y estamos en un lugar mejor. Debes de aprender a hablar y decir lo que sientes sin importar cuán doloroso pueda ser. No vivas en una realidad falsa. Contar tu verdad proviene de saber quién eres, del autoconocimiento y de conocer tu propósito en la vida.

Tu propósito es algo que haces. Es algo en lo que estás llamado a convertirte. Y, como muchas cosas en la vida, lograr tu propósito a veces puede requerir toda una vida de práctica. "Vivir con integridad significa: No conformarte con menos de lo que sabes que mereces en tus relaciones. Pide lo que quieres y necesitas de los demás. Tienes que decir tu verdad, aunque pueda crear conflicto o tensión. Compórtate de manera que estés en armonía con tus valores personales. Toma decisiones basadas en lo que tu crees y no en lo que creen los demás".

En algún momento de tu vida tomaste la decisión de que ya no era seguro decir tu verdad. En tus primeros años, hablar de más te llevó a que tus padres te regañaran, o algo peor. Su censura causó dolor y engendró en ti, la creencia de que hablar crearía aún más dolor. Esta creencia te obligó a retener y cuestionar tu voz a partir de ese momento. Tus padres por supuesto, hicieron lo mejor que pudieron para brindarles una educación desafiante. Pero lo supieran o no, estaban recreando su doloroso pasado donde se les veía pero no se les escuchaba. Se les obligaba a lidiar con sus dificultades y sentimientos manteniendo la boca cerrada.

El ciclo de cómo te criaron y cómo esperaban que mantuvieras invisibles ciertas partes de ti se repitió. Incluso tus padres fueron generalmente amables y abiertos contigo, siempre y cuando mantuvieran su necesidad de retirarse. Sus estrategias de afrontamiento sin querer te invitarían a retirarte también; probablemente heredarías sus miedos, creencias y actitudes, como la esponja inocente y el imitador que eras. Retirarnos tiene un propósito: protegernos de ser heridos.

Siempre y cuando sigamos las reglas de la casa y no hagamos preguntas "interminables", imaginaciones "irracionales" y "payasadas infantiles", estamos a salvo. Pero la necesidad de retraerse en la infancia se perpetúa hasta la adolescencia y la edad adulta cuando seguimos creyendo que necesitamos protegernos. La creencia de la infancia cristaliza en una actitud y patrones de comportamiento que se arraigan en nuestra vida. La creencia se identifica con-y pasamos de la necesidad de retraernos como niños a ser retraídos como adolescentes y adultos. Somos temerosos de nuestra voz y temerosos de ser lastimados, por lo que elegimos no decir nuestra verdad.

Di tu verdad incluso si tu voz tiembla.

~ "No soy grosera, solo digo lo que todos los demás están pensando"

Cómo ser feliz diariamente (Reto de una sonrisa)

Tengo lo que algunos consideran uno de los trabajos más duros del planeta. ¡Soy Mama! Síiiiiii! Soy Madre de dos niños muy ocupados que mágicamente piensan que soy médico, maestra, entrenadora, chef, terapeuta, y que tengo la paciencia de un santo veinticuatro siete. Realmente hago lo mejor que puedo, y algunos días definitivamente son mejores que otros. Especialmente en esa parte de tener la paciencia de un santo. Quiero para mis hijos lo que la mayoría de los padres quieren para sus hijos. Quiero que tengan una infancia feliz. Quiero que sean libres para jugar y hacer amistades. Que crezcan para ser unos adultos amables, compasivos y felices.

Pero parece haber un pequeño desafío. El informe mundial sobre la felicidad afirma que en un momento dado, más de doscientos veinte millones de niños y mil millones de adultos sufren de ansiedad, depresión y trastornos de conducta. No es exactamente una imagen bonita de personas felices en un planeta feliz ¿verdad? Desafortunadamente, como adultos seas padre o no, esto es lo que nuestros hijos están aprendiendo de nosotros. Ven lo ocupados que estamos diariamente. Ven nuestro estrés y nos ven luchar para encontrar nuestra propia felicidad. Entonces, ¿cómo pasamos de la ansiedad y la depresión a ser felices?

¡Hay buenas noticias! El informe mundial sobre la felicidad también afirma que el mejor indicador de que si un niño se convierte en un adulto satisfecho es a través de su salud emocional y su infancia. Entonces, si tengo este correcto, debería de ser fácil. Niños felices, adultos felices, planetas feliz ¡¿sí?! Bueno, esta es exactamente la misma lección que aprendí de mi carrera. Cuando trabajaba en el hospital todas las mañanas de Navidad solíamos ir con nuestros pacientes y sacarlos de sus habitaciones y cantábamos y bailábamos para ellos. Si pudieras ver visto la sonrisa en sus rostros. Hicimos esto todas las mañanas de Navidad durante años, y esos pacientes bailaban y cantaban con nosotros. Sus sonrisas iluminaban el hospital entero. Entonces, esto es lo que he aprendido de nuestro canto y baile con nuestros pacientes. Retribuir a esos pacientes los hizo felices, ¡y me hizo feliz a mí también! Ahora, todos hemos escuchado que dar te hace feliz y que es mejor dar que recibir, pero ¿has pensado realmente por qué?...

Bueno, investigadores del mundo han estado estudiando la ciencia y la psicología de dar. Descubrieron que nuestro cerebro y nuestro cuerpo están realmente programados para perdonar. Cuando le damos una patada a nuestras endorfinas, nos da esta sensación natural de euforia. De hecho, lo han llamado "los ayudantes alto". Nuestros niveles de oxitocina aumentan." Nota para aquellos de ustedes que han estado buscando la fuente de la juventud, ¡es el remedio natural contra el envejecimiento de nuestro cuerpo! "En el futuro, esa sensación que tuve cuando cantaba y bailaba para estos pacientes. Esa serotonina es el transmisor feliz de nuestro cuerpo. Pero aquí está la guinda del pastel; los niveles de cortisol bajan. Esta es nuestra hormona del estrés. Dar reduce la ansiedad y el estrés, y nos hace felices. Ahora, que dices si te dijera que puedes ser feliz todos los días y es simple. De hecho, es tan simple que un niño de dos años puede hacerlo.

Entonces, dado que mi hijo tiene muchas rabietas y siempre se está molesto; ¡se me ocurrió un plan! Decidí que le iba a enseñar a mi hijo a ser feliz diariamente. Iba a enseñar a Nazier a dar. Presento la idea sobre galletas con helado. Le digo: "Nazier, vamos a comenzar juntos este proyecto familiar súper divertido, ¡vamos a retribuir al mundo todos los días durante un año!" Ahora, esperé a ver la emoción en su rostro. Esa emoción que estaba sintiendo, y en su lugar él dice, ¿Mama y cuántos días tiene un año? Oh, sí, no es exactamente la respuesta que estaba buscando. (Ja jajá) Por otra parte, Nazier tiene solo siete años, así que tuve que enfocar su idea de dar diariamente un poco diferente. Entonces, poco a poco comencé a explicarle y le dije Nazier, vamos a hacer una cosa para ser amables, serviciales, y generosos con una persona, un animal o el planeta mismo todos los días durante 365 días.

Ahora, cuando comparto esta idea con amigos y familiares, pensaron que estaba siendo un poco ambiciosa. Iba a retribuir al mundo todos los días durante 365 días con un niño de siete años. Entendí, estuve de acuerdo en que parece mucho, pero nunca es demasiado cuando comienzas con algo pequeño. Mi hijo y yo comenzamos a hacer una lista de los diferentes lugares a los que íbamos a ir y las muchas cosas que íbamos a donar. ¡En ese momento Nazier realmente se dio cuenta de lo que estaba por pasar y se emocionó mucho! De hecho, incluso quería empezar ese mismo día. Más tarde en la semana fijamos el día y lo hicimos. Paramos en McDonald's, compramos un montón de hamburguesas y mi hijo me preguntó. "¿Mamá, toda esta comida es para la gente que no tiene dinero para comprarla?" Le respondo; si e inmediatamente puedes ver cómo el pequeño cerebro de Nazier empieza a funcionar. Estaba haciendo esa conexión de que su donación diaria iba a ayudar a esas personas. Nazier aprendió ese primer día y se voltio hacia mí sonrió y dijo "eres increíble mamá ¡darle a los que no tienen me a echo tan feliz!" (¡Misión cumplida!)

Las donaciones diarias se convirtieron rápidamente en una rutina para Nazier, al igual que cepillarse los dientes. Bueno, ahora que lo pienso, sería más fácil enseñarle a un niño de siete años a dar todos los días que cepillarse los dientes todos los días. ¡Sin lugar a duda! Bueno, ¿qué pasa después? Nazier preguntó si podemos compartir nuestras aventuras de donaciones diarias con nuestros amigos y familiares para que puedan seguirnos. No se lo pudo ocurrir una mejor idea a Nazier. Ahora hemos comenzado un blog. Y se llama: "Regala una sonrisa". Por eso, ahora lo desafiamos a participar en esta experiencia de donaciones única impulsada por los niños. Ellos eligen cómo van a dar. Apoya la causa porque impactarán al mundo de la manera que elijan.

Este desafío fue creado para niños pero en realidad es para todos nosotros. No importa dónde vivas. Qué estés haciendo o cuántos años tengas. ¡Imagínense si todos lo hiciéramos! Por ejemplo, tomemos alrededor de 2000 personas por 365 regalos diarias. Eso es más de 700,000 regalos diarios. Ya no es solo un niño dando cada día, sino cada uno de nosotros. Creando un mundo mejor y más feliz. Es tan simple que un niño de dos años lo puede hacer. Es un hábito diario, como cepillarse los dientes.

Empiece tu lista hoy. Échale un vistazo a tu vida, tu mundo, tu familia, tu día y haz lo que funcione para ti. Dona, sea voluntario, alimente a un animal, ayude a un vecino o sea amable con un extraño porque así es como vamos a pasar de la ansiedad y la depresión a la felicidad. Juntos podemos

empezar de a poco y hacer del mundo un lugar
inmensamente feliz, una sonrisa a la vez.

~"Me dijeron que podía ser lo que yo quisiera, y yo elegí ser feliz".

Significativo y memorable

Con solo un poco de esfuerzo podemos crear movimientos poderosos que perduraran por mucho tiempo en nuestras almas y recuerdos. Debemos luchar por nuestras vidas durante esos días malos para ganar los mejores días de nuestras vidas. Marquemos la diferencia. Te desafío a que entres en esta experiencia de donación única. Tú eliges cómo vas a dar y apoyar la causa porque impactarás al mundo de la manera que elijas.

Empieza tu lista hoy. Vas a hacer una cosa para ser amable, servicial y generoso/a. Ya sea para una persona, un animal o el planeta mismo al menos un día de cada semana. Para obtener mejores resultados en una actitud feliz recurrente, te sugiero que des a diario y haz lo que funcione para ti. ¡Pero por favor hazlo! (Agradéceme después)

Sea parte de esta gran aventura ya que es como único podrás transformar la ansiedad y la depresión en felicidad. ¡Todos podemos comenzar con algo pequeñito y junto crear un mundo más saludable y feliz un día, una donación, una semana, un mes y un año a la vez!

Comparta sus experiencias, videos o imágenes en mi blog.

¡Vamos a expandir nuestras visiones!

www.therapyinsessions.com

Nota personal...

Han dudado, odiado, hablado de ti, se han burlado de ti, te han herido, te han mentido, te han roto y has perdido el juicio. Dicho esto, te felicito por el hecho de que todavía estás de pie. ¡Tú coraje lo dice todo! Conozco tus luchas y el dolor que has soportado. Eres más que un conquistador/a. Nada puede deprimirte y nadie puede endurecer tu alegría. ¡No te atrevas a rendirte! Continúa erguido/a y ámate a ti mismo/a primero. ¡Yo creo en ti!

Eres apreciado/a,

Yo

~"Sal de la carrera de ratas y toma tu carrera en tus propias manos".

¡Piensa fuera de la caja!

Respuesta:

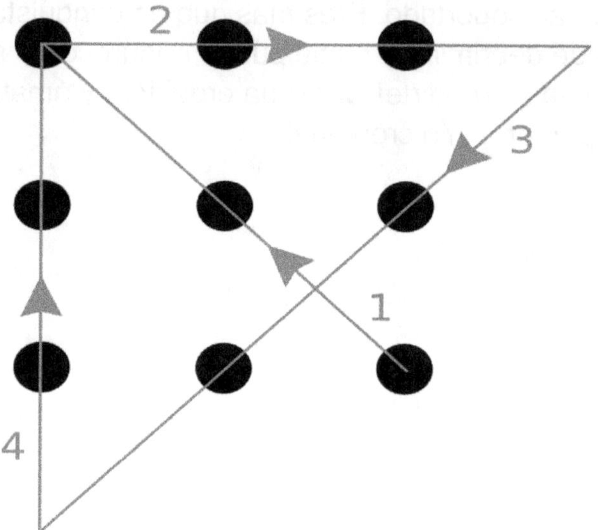

Aquí está el resultado. ¡Felicidades! Has conectado 4 líneas en un patrón de 9 puntos sin levantar el bolígrafo o lápiz ni trazar ninguna línea. Entonces, ¿qué pretendes no saber? ¿Este ejercicio desafió tu mente? Algunos de ustedes no lograron conectar las 4 líneas juntas y les diré por qué. Has imaginado tu vida en una caja. Es hora de pensar fuera de la caja. ¿Ves de dónde viene el dicho "fuera de la caja"?

No te di ninguna directiva sobre permanecer dentro de una caja, pero nuestras mentes tienden a construir una caja allí, y una restricción se establece instantáneamente. Pensar fuera de la caja significa prescindir de las limitaciones, tantas como sea posible. Eso es lo que hace la solución anterior, y eso es lo que también hace el tipo más eficaz de pensamiento original e innovador. Si apuntas al mismo objetivo al que apuntan todos los demás, tus disparos terminarán donde los demás. Si cultivas la misma tierra que todos los demás, plantas las mismas semillas que ellos plantan y usas la misma agua, obtendrás el mismo jardín. Mi punto es que en el momento en que introduces una meta en tu pensamiento, está introduciendo una restricción. Tu mente ahora tiene una dirección y tenderá a ir en esa dirección.

Pensar fuera de la caja significa simplemente que estás dispuesto a considerar diferentes soluciones y métodos para alcanzar el resultado deseado. Es decir: deseas ir del punto A a la Z, pero no necesariamente necesitas o deseas tomar la ruta probada y verdadera para llegar allí. Pensar de manera diferente puede tener un efecto poderoso y positivo en tu carrera. Como emprendedora, este es el motivo por el que debes pensar de manera innovadora y en cómo puedes ayudarte a ti mismo a salir adelante:

Si todo el mundo aceptara las cosas tal como son, nunca habría ninguna innovación o mejoría en el mundo. Si Thomas Edison se hubiera encogido de hombros y hubiera pensado que las cosas eran lo suficientemente buenas como estaban con las lámparas de gas, los bombillos y la electricidad para alimentarlas, es posible que nunca se hubiera desarrollado. Si no hubiera pensado fuera de la caja, el mundo podría ser un lugar muy oscuro (literalmente).

Si ves las cosas como inmutables, entonces nada cambiará para mejor. Al pensar fuera de la caja y cuestionar el statu quo, estarás constantemente considerando cómo podría mejorar una experiencia, producto o servicio. Esto te permite seguir creciendo y puede conducir a decisiones empresariales inteligentes y con visión de futuro.

Piensa fuera de la caja, ya que definitivamente te dará una mayor perspectiva. El mundo puede volverse muy pequeño si tienes la mente cerrada. Pensar fuera de la caja puede expandir tu visión del mundo, lo que te permite tener una mayor perspectiva de los eventos y sucesos en tu carrera (y en la vida). Cuando estés dispuesto a considerar puntos de vista alternativos y formas de hacer las cosas, estarás más abierto a una variedad de diferentes puntos de vista y posibles soluciones.

Una perspectiva más amplia puede hacerte más receptivo a diferentes ideas, lo que significa que no estarás limitado/a por una pequeña visión del mundo. Cuando estás abierto a posibilidades ilimitadas, ¡las posibilidades son infinitas! Piensa más allá. Amplía tu visión. Vive la vida al máximo. Todo comienza contigo.

¡Paz y Amor

~ *"Pero de las limitaciones surge la creatividad"*

-Debbie Allen

Conéctate con la Diosa. Mire videos, comparta sus historias y aprenda más sobre Diosa y sus increíbles movimientos que cambian el mundo con Therapy in Sessions en:

Sitio Web: www.therapyinsessions.com
Instagram: www.instagram.com/_iamdiosa_/
Facebook: www.facebook.com/TherapyInSessions
Twitter: https://twitter.com/DiosasTherapy
YouTube:www.youtube.com/channel/UCmxtKhj6YSksUd
zQYeTLoKg?view_as=subscriber
Correo Electronico: diosa@therapyinsessions.com

ABRAZATE

¡TODO COMIENZA CONTIGO!

Paz y Amor